?! 歴史漫画《れきしまんが》 タイムワープ シリーズ 通史編《つうしへん》 9

江戸時代《えどじだい》へタイムワープ

マンガ：早川大介《はやかわだいすけ》／ストーリー：チーム・ガリレオ／監修《かんしゅう》：河合《かわい》 敦《あつし》

はじめに

江戸時代《えどじだい》は、江戸幕府《えどばくふ》が日本《にほん》を治《おさ》めていた時代《じだい》です。今回《こんかい》のマンガでは、〝関ケ原《せきがはら》の戦《たたか》い〟から江戸幕府《えどばくふ》が成立《せいりつ》した頃《ころ》の江戸時代前期《えどじだいぜんき》までが舞台《ぶたい》です。この時代《じだい》について、学校《がっこう》の授業《じゅぎょう》では、関ケ原《せきがはら》の戦《たたか》いで勝《か》った徳川家康《とくがわいえやす》が江戸幕府《えどばくふ》を開《ひら》いたことや、幕府《ばくふ》の制度《せいど》、その時代《じだい》の人々《ひとびと》の生活《せいかつ》などについて学習《がくしゅう》します。

マンガでは、双子《ふたご》のケンとハナが、刀《かたな》の精霊《せいれい》によって江戸幕府《えどばくふ》ができる少《すこ》し前《まえ》の日本《にほん》にタイムワープしてしまいます。ふたりは、徳川家康《とくがわいえやす》と知《し》り合《あ》ったり、関ケ原《せきがはら》の戦《たたか》いや、江戸時代《えどじだい》の農民《のうみん》の暮《く》らしなどを体験《たいけん》したりしながら、争《あらそ》いの時代《じだい》から平和《へいわ》の時代《じだい》に移《うつ》り変《か》わっていく日本《にほん》を旅《たび》します。

みなさんも、ふたりといっしょに、江戸幕府《えどばくふ》や江戸時代《えどじだい》の暮《く》らしについて知《し》る冒険《ぼうけん》に出《で》かけましょう！

監修者《かんしゅうしゃ》　河合《かわい》　敦《あつし》

今回《こんかい》のタイムワープの舞台《ぶたい》は…？

4万年前《まんねんまえ》
2万年前《まんねんまえ》
1万年前《まんねんまえ》
2000年前《ねんまえ》
1500年前《ねんまえ》
1400年前《ねんまえ》
1300年前《ねんまえ》
1200年前《ねんまえ》
1100年前《ねんまえ》
1000年前《ねんまえ》
900年前《ねんまえ》
800年前《ねんまえ》
700年前《ねんまえ》
600年前《ねんまえ》
500年前《ねんまえ》
400年前《ねんまえ》
300年前《ねんまえ》
200年前《ねんまえ》
100年前《ねんまえ》
50年前《ねんまえ》
先史時代《せんしじだい》
古代《こだい》
中世《ちゅうせい》
近世《きんせい》
近代《きんだい》
現代《げんだい》
旧石器時代《きゅうせっきじだい》
縄文時代《じょうもんじだい》
弥生時代《やよいじだい》
古墳時代《こふんじだい》／飛鳥時代《あすかじだい》
奈良時代《ならじだい》
平安時代《へいあんじだい》
鎌倉時代《かまくらじだい》
室町時代《むろまちじだい》
安土桃山時代《あづちももやまじだい》
江戸時代《えどじだい》
明治時代《めいじじだい》
大正時代《たいしょうじだい》
昭和時代《しょうわじだい》
平成時代《へいせいじだい》
令和時代《れいわじだい》
ココ!!
日本人《にほんじん》の祖先《そせん》が住《す》み着《つ》く
土器《どき》を作《つく》り始《はじ》める
貝塚《かいづか》が作《つく》られる
米作《こめづく》りが伝《つた》わる
大和朝廷《やまとちょうてい》が生《う》まれる
平城京《へいじょうきょう》が都《みやこ》になる
平安京《へいあんきょう》が都《みやこ》になる
モンゴル（元《げん》）軍《ぐん》が２度《ど》攻《せ》めてくる
室町幕府《むろまちばくふ》が開《ひら》かれる
金閣《きんかく》や銀閣《ぎんかく》がつくられる
江戸幕府《えどばくふ》が開《ひら》かれる
明治維新《めいじいしん》
大正《たいしょう》デモクラシー
太平洋戦争《たいへいようせんそう》
高度経済成長《こうどけいざいせいちょう》
米作《こめづく》りが広《ひろ》まる
巨大《きょだい》なお墓《はか》（古墳《こふん》）がつくられる
奈良《なら》の大仏《だいぶつ》がつくられる
華《はな》やかな貴族《きぞく》の時代《じだい》
鎌倉幕府《かまくらばくふ》が開《ひら》かれる（武士《ぶし》の時代《じだい》の始《はじ》まり）
戦国時代《せんごくじだい》
町人文化《ちょうにんぶんか》が盛《さか》んになる
文明開化《ぶんめいかいか》
現代《げんだい》

もくじ

歴史《れきし》なるほどメモ

教《おし》えて!! 河合先生《かわいせんせい》 江戸時代《えどじだい》 おまけ話《ばなし》

登《とう》場《じょう》人《じん》物《ぶつ》

ケン

ハナの双子《ふたご》の兄《あに》。

ハナと一緒《いっしょ》に

小学校《しょうがっこう》の剣道《けんどう》クラブに入《はい》っている。

元気《げんき》なお調子者《ちょうしもの》タイプで

勉強《べんきょう》はあまり得意《とくい》ではない。

もちろん歴史《れきし》もよく知《し》らない。

ハナ

ケンの双子《ふたご》の妹《いもうと》。

剣道《けんどう》の腕前《うでまえ》はケンよりも上《うえ》で、

剣道大会《けんどうたいかい》で３連覇《れんぱ》を達成《たっせい》。

ふだんは優《やさ》しく可愛《かわい》い女《おんな》の子《こ》だけど、

怒《おこ》るとかなり怖《こわ》くなる。

ムラマサ

もう1本《ぼん》の刀《かたな》の精霊《せいれい》。
戦《たたか》うことが大好《だいす》き。
戦場《せんじょう》で大将首《たいしょうくび》を取《と》りたいと
ケンとハナを巻《ま》き込《こ》む。

イチモンジ

ケンとハナの家《いえ》に伝《つた》わる
家宝《かほう》の刀《かたな》から出《で》てきた精霊《せいれい》。
戦《たたか》いよりも平和《へいわ》を好《この》む。
子《こ》どもの前《まえ》でだけ姿《すがた》を現《あらわ》す。

徳川家康《とくがわいえやす》

西暦《せいれき》1600年《ねん》、天下分《てんかわ》け目《め》の
“関ケ原《せきがはら》の戦《たたか》い”の時《とき》に
ケンとハナに出会《であ》う。
イチモンジの元《もと》の持《も》ち主《ぬし》。

1章《しょう》
江戸時代《えどじだい》から伝《つた》わる家宝《かほう》!?

バ
ン
ザザ
えーいっ!!
ザッ
オン
えいっ!
えいっ!
こんにゃろ!
ザ
ザ
ザ
め———ん!!
ハナ
ぎゃん

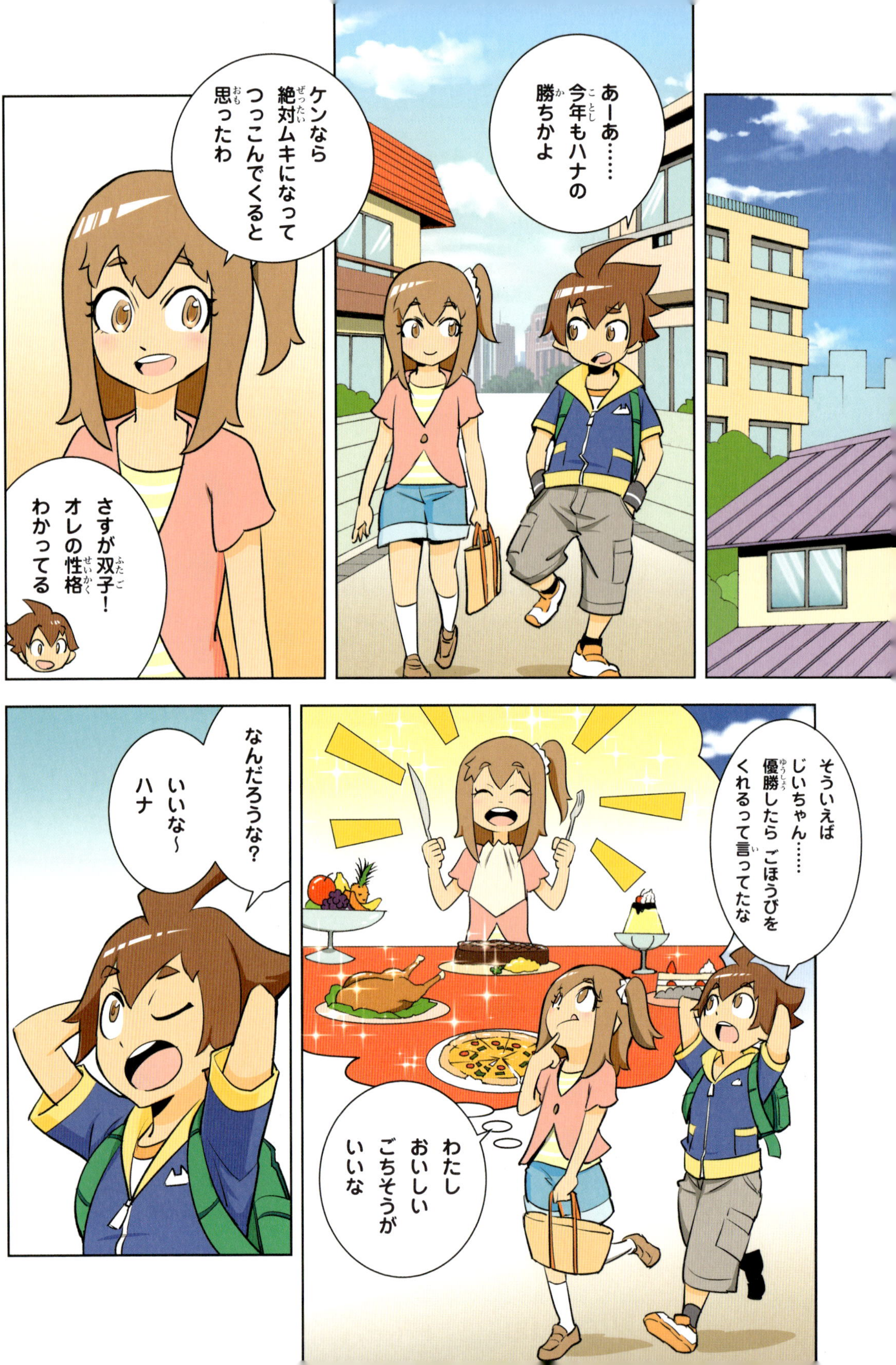
あーあ…… 今年《ことし》もハナの勝《か》ちかよ
ケンなら絶対《ぜったい》ムキになってつっこんでくると思《おも》ったわ
さすが双子《ふたご》！ オレの性格《せいかく》わかってる
そういえばじいちゃん…… 優勝《ゆうしょう》したら ごほうびをくれるって言《い》ってたな
わたしおいしいごちそうがいいな
なんだろうな？
いいな～ハナ

ただいまーっ
石川《いしかわ》骨董《こっとう》店《てん》
石川弥兵衛《いしかわやへえ》
おお ふたりとも おかえり
今年《ことし》も 優勝《ゆうしょう》したよ！ おじいちゃん
ブイ!!
ハナは これで3連覇《れんぱ》か！ がんばったな
学校《がっこう》じゃ 敵《てき》なしよ！

おまえは毎年《まいとし》負《ま》けてるな ケン
ははは…
ちぇ
さて 約束《やくそく》の ごほうびを 渡《わた》さねば
やった! ステーキ?
ピザ?
食《た》べ物《もの》かどうか わかんないだろ!
ゴト
よっと
パカッ

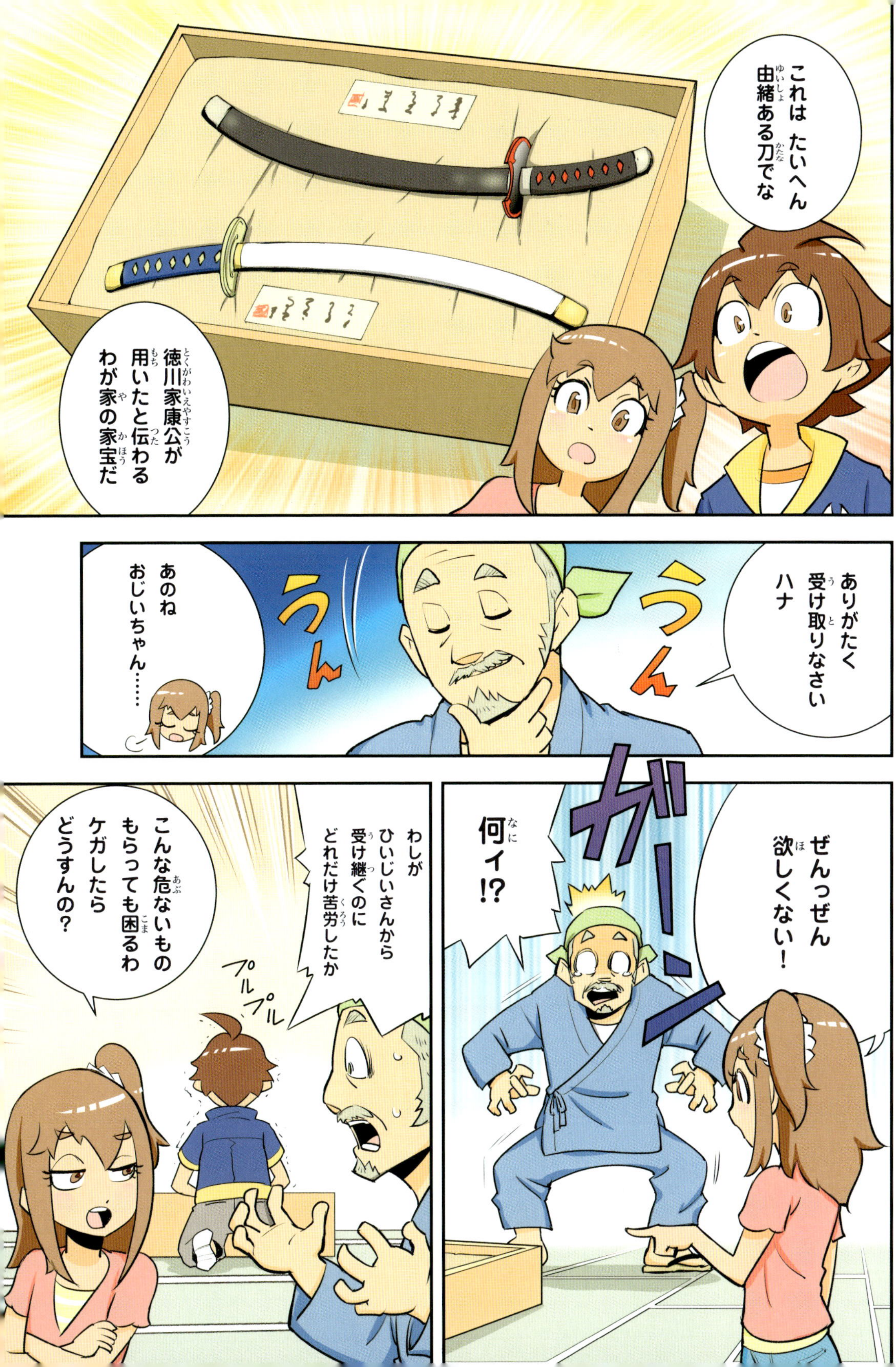

これは　たいへん
由緒《ゆいしょ》ある刀《かたな》でな
徳川家康公《とくがわいえやすこう》が
用《もち》いたと伝《つた》わる
わが家《や》の家宝《かほう》だ
ありがたく
受《う》け取《と》りなさい
ハナ
うん
うん
あのね
おじいちゃん……
ぜんっぜん
欲《ほ》しくない!
ガーン
何《なに》イ!?
わしが
ひいじいさんから
受《う》け継《つ》ぐのに
どれだけ苦労《くろう》したか
プルプル
こんな危《あぶ》ないもの
もらっても困《こま》るわ
ケガしたら
どうすんの?

めちゃくちゃカッケ――!!
キラキラ
ハナがいらないならオレがもらうぜ!
え? べつにいいけど……
プルルル…
お電話《でんわ》だ
ちょっと出《で》てくる
プルルル
勝手《かって》に刀《かたな》にさわるんじゃないぞ
べつに興味《きょうみ》ないし……
コォォォ
トクガワなんとかって誰《だれ》だろね?
昔《むかし》の人《ひと》でしょ?
そりゃそうだろ

ケン……
これ何《なに》？
オォォ
光《ひか》ってら
ちょっと
見《み》てみよう
おもいな……
ダ……ダメよ
勝手《かって》に
スッ
うわっ
なんだ!?
カッ

ドシュッ
はあ〜〜〜
やっと
出《で》られた!
な……なな
なんだ おまえ?
あ
ボク?
ボクは
イチモンジ!
刀《かたな》の精霊《せいれい》さ!
イチモンジ
ドン!

刀《かたな》から出《だ》してくれてありがとう！
キミがケンでアナタはハナだよね
どうなってるのコレ!?
うーん
すっげえ！じゃあ もう1本《ぽん》の刀《かたな》にも……
ああっ！そっちはダメだよケン！
え？
くっくっくっ
シュウウウ…

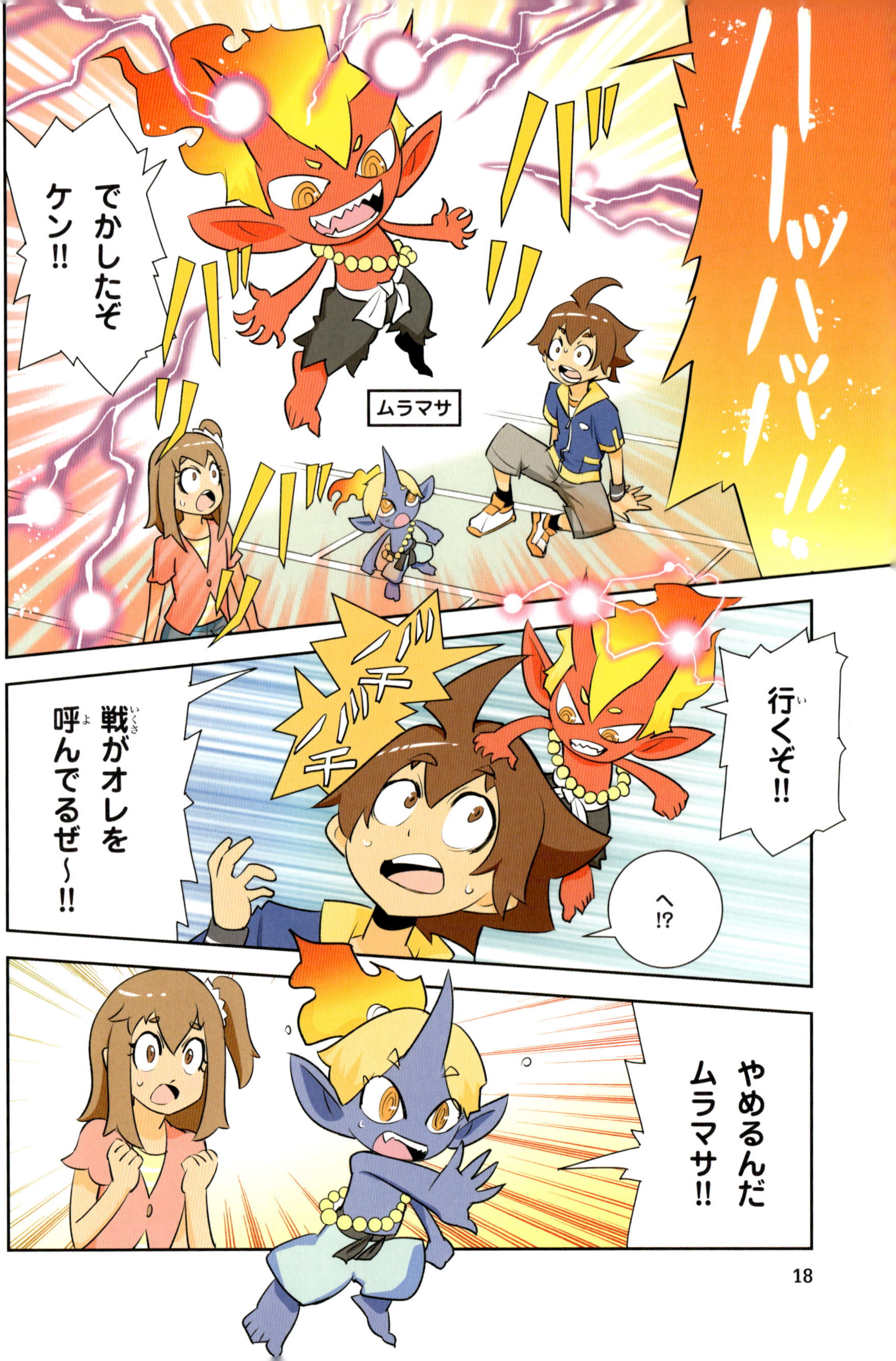

ハーッハッハ!!
バリバリバリ
でかしたぞケン!!
ムラマサ
行《い》くぞ!!
バチバチ
へ!?
戦《いくさ》がオレを呼《よ》んでるぜ~!!
やめるんだムラマサ!!

バチバチ
キュ〜ン!
ケン!!
ボクたちも行《い》こう!
ケンを助《たす》けなきゃ!
行《い》くってどこに!?
ひゅんっ
いいから! ボクを頭《あたま》にのせて!
カッ
石《いし》川《かわ》骨《こっ》董《とう》
スゥッ……

な
な
オオオオオ
なんだぁ～～～ ここはぁぁ!?

行《い》くぜ ケン！
大将《たいしょう》の首《くび》を
取《と》りに！
ボム！
ぱ
うわっ!?
グイッ
やっ
やめろ〜〜〜っ!!
ゴオッ

江戸《えど》時代《じだい》ってどんな時代《じだい》？

① 徳川家康《とくがわいえやす》が江戸《えど》にやってきた

江戸時代《えどじだい》は、江戸幕府《えどばくふ》という政府《せいふ》が日本《にほん》を治《おさ》めていた時代《じだい》です。江戸《えど》とは今《いま》の東京《とうきょう》のことです。

江戸幕府《えどばくふ》を開《ひら》いたのは、徳川家康《とくがわいえやす》という武将《ぶしょう》でした。家康《いえやす》は、三河国《みかわのくに》（愛知県《あいちけん》）の小《ち》さな戦国大名《せんごくだいみょう》の家《いえ》に生《う》まれましたが、天下統一《てんかとういつ》をめざす織田信長《おだのぶなが》に協力《きょうりょく》する中《なか》で、遠江国《とおとうみのくに》や駿河国《するがのくに》（ともに静岡県《しずおかけん》）などに勢力《せいりょく》を広《ひろ》げていきました。

そんな家康《いえやす》が江戸《えど》に本拠地《ほんきょち》を移《うつ》したのは1590（天正《てんしょう》18）年《ねん》のことです。信長《のぶなが》の死後《しご》、家康《いえやす》は豊臣《とよとみ》秀吉《ひでよし》に従《したが》いましたが、秀吉《ひでよし》によって、それまでの東海《とうかい》地方《ちほう》から関東地方《かんとうちほう》に領地《りょうち》を移《うつ》すよう命《めい》じられたためです。

家康《いえやす》は海《うみ》を埋《う》め立《た》てたり
城《しろ》を大《おお》きくしたりして 江戸《えど》を
本拠地《ほんきょち》としてふさわしい
町《まち》にしていったんだ

② 家康《いえやす》が江戸幕府《えどばくふ》を開《ひら》く

1598（慶長《けいちょう》3）年《ねん》に秀吉《ひでよし》が死《し》ぬと、家康《いえやす》は多《おお》くの大名《だいみょう》たちを味方《みかた》につけて、天下取《てんかと》りに乗《の》り出《だ》します。そして、1600（慶長《けいちょう》5）年《ねん》の〝関ケ原《せきがはら》の戦《たたか》い〟（↓40ページ）に勝《か》つと、1603（慶長《けいちょう》8）年《ねん》に朝廷《ちょうてい》から征夷大将軍《せいいたいしょうぐん》に任《にん》じられ、江戸幕府《えどばくふ》を開《ひら》きました。これ以降《いこう》、260年以上《ねんいじょう》、江戸幕府《えどばくふ》が日本《にほん》を治《おさ》めました。

江戸時代《えどじだい》のキーパーソン 1

江戸幕府《えどばくふ》の初代将軍《しょだいしょうぐん》

徳川家康《とくがわいえやす》

★生没年《せいぼつねん》 1543～1616年《ねん》

家康《いえやす》は、1605（慶長《けいちょう》10）年《ねん》に、将軍在位《しょうぐんざいい》わずか2年《ねん》で将軍《しょうぐん》を息子《むすこ》の秀忠《ひでただ》にゆずった。これにより将軍《しょうぐん》の職《しょく》は代々徳川家《だいだいとくがわけ》が継《つ》ぐことを世《よ》の中《なか》に示《しめ》した。

東京大学史料編纂所所蔵模写

③ 江戸《えど》幕府《ばくふ》と「藩《はん》」ってどんな関係《かんけい》？

江戸時代《えどじだい》は、幕府《ばくふ》が直接支配《ちょくせつしはい》する領地《りょうち》と、大名《だいみょう》たちが支配《しはい》する「藩《はん》」がありました。

幕府《ばくふ》は、言《い》うことを聞《き》かない藩《はん》を取《と》りつぶしたり、大名《だいみょう》の領地《りょうち》を替《か》えたりする力《ちから》を持《も》っていました。そして、「武家諸法度《ぶけしょはっと》」という法律《ほうりつ》をつくって大名《だいみょう》を統制《とうせい》しました。

また、大名《だいみょう》を全国《ぜんこく》のどこに置《お》くのかも工夫《くふう》しました。もともと徳川氏《とくがわし》に従《したが》っていた大名《だいみょう》は江戸《えど》や大坂《おおさか》の近《ちか》くに、関ケ原《せきがはら》の戦《たたか》い前後《ぜんご》など、後《のち》に徳川氏《とくがわし》のけらいになった大名《だいみょう》は遠《とお》くに置《お》かれました。

徳川氏《とくがわし》に反抗《はんこう》しそうな大名《だいみょう》は重要《じゅうよう》な場所《ばしょ》から遠《とお》くの地《ち》に離《はな》したのね
そんな大名《だいみょう》が近《ちか》くにいたら危《あぶ》ないもんな！

もの知《し》りコラム

大名《だいみょう》って何《なに》？

江戸時代《えどじだい》の大名《だいみょう》とは、将軍《しょうぐん》から1万石以上《まんごくいじょう》の領地《りょうち》をもらって、主従関係《しゅじゅうかんけい》を結《むす》んだ武士《ぶし》のこと。大名《だいみょう》が支配《しはい》する領地《りょうち》は、「藩《はん》」といいます。

ちなみに、「石《こく》」は米《こめ》の量《りょう》を表《あらわ》す容積《ようせき》の単位《たんい》で、1石《こく》は1千合《せんごう》です。計算《けいさん》にもよりますが、1万石《まんごく》の領地《りょうち》があると、年間《ねんかん》、約《やく》1万人《まんにん》のけらいを養《やしな》うことができるだけの米《こめ》の収《しゅう》穫《かく》があるそうです。

◆ ◆ ◆

大名《だいみょう》は、将軍《しょうぐん》である徳川氏《とくがわし》との関係《かんけい》の度合《どあ》いによって、次《つぎ》の3つの種類《しゅるい》に分《わ》けられました。

親藩《しんぱん》 御三家《ごさんけ》（尾張徳川家《おわりとくがわけ》、紀伊徳川家《きいとくがわけ》、水戸徳川家《みととくがわけ》）をはじめとする、徳川一門《とくがわいちもん》の大名《だいみょう》。

譜代《ふだい》 本多忠勝《ほんだただかつ》の本多氏《ほんだし》など、昔《むかし》から徳川氏《とくがわし》に従《したが》っていたけらいの大名《だいみょう》。

外様《とざま》 九州《きゅうしゅう》の細川氏《ほそかわし》や島津氏《しまづし》、東北《とうほく》の伊達氏《だてし》などのように、関《せき》ケ原《がはら》の戦《たたか》いの後《あと》に正式《せいしき》に徳川氏《とくがわし》に従《したが》った大名《だいみょう》。

2章《しょう》
天《てん》下《か》分《わ》け目《め》の〝関ケ原《せきがはら》〟

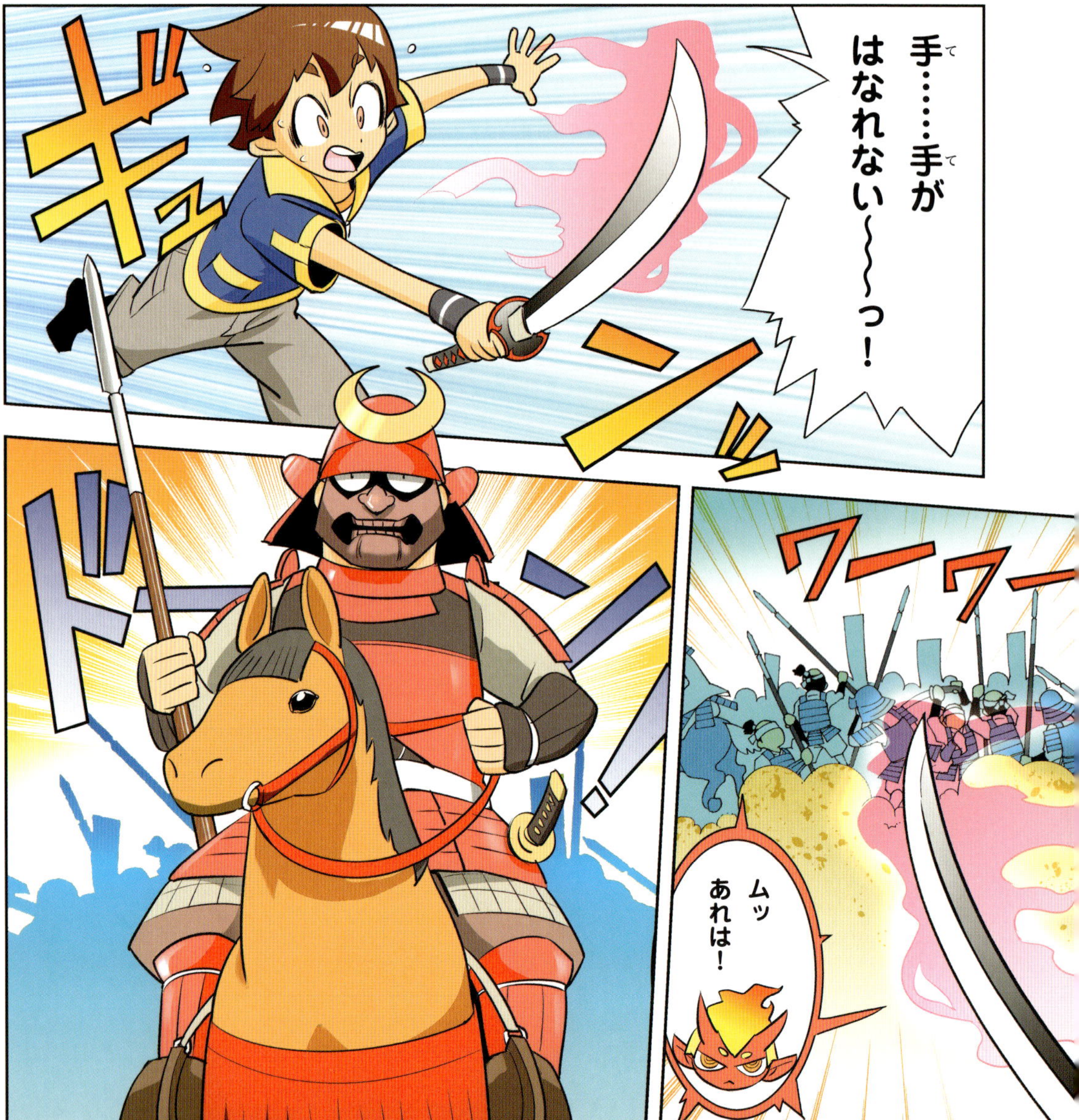

いたぞ
立派《りっぱ》な武将《ぶしょう》が!!
首《くび》をよこせ～っ
バカ！やめろって！
バ
ッ
んっ？
わあああっ!!
ガッキィン!!

いたっ！
シュウウウ…
ドテッ
ザクッ
なんだおまえは……!?
ギロッ
ち～っと痛《いた》かったぞ
子《こ》どもだろうとゆるさんっ!!
ひえ～～～っ!!
ドドドド

コォォォ
ポン!
いた!あそこ!
助《たす》けて〜〜っ!!
ケン!
行《い》くよっ!!
うん!

えーい！
ギュ
ドッ
カーン！
……って
そのまま
つっこむの～っ!?
はぁ
はぁ…
がっしゃーん
大丈夫《だいじょうぶ》
だった？
ケン
もう！
おしり
痛《いた》～い……
ハナ！
イチモンジ！
うーん…

ヒヒーン
危《あぶ》なかったね
危《あぶ》ないなんてもんじゃない……
死《し》ぬかと思《おも》ったぜ！
どこなんだよここは……？
う～んと
ワアアア!!!
ここは〝関《せき》ケ《が》原《はら》〟だね
天下分《てんかわ》け目《め》の〝関《せき》ケ《が》原《はら》の戦《たたか》い〟の最中《さいちゅう》だよ！

関ケ原《せきがはら》って……!
?
なんだっけ?
カクッ
VS
大一大万大吉
徳川家康様《とくがわいえやすさま》の東軍《とうぐん》と石田三成殿《いしだみつなりどの》の西軍《せいぐん》が争《あらそ》った戦《いくさ》だよ
時《とき》は西暦《せいれき》1600年《ねん》!
え!? オレたち そんな昔《むかし》に来《き》ちゃってんの!?
タイム ワープ? 信《しん》じらんない
ま それならそれで さっさと帰《かえ》ろうぜ
ドドド…
こんなとこ 危《あぶ》なくって……
ん?

うわあああっ!!
キャア!!
ドドドドドド
助《たす》けてイチモンジ!
早《はや》くっ!
ウソ!?
なんで刀《かたな》に戻《もど》ってるんだ!?

おい
おまえたち！
むんずっ
ドオオン！
ぎゃああああ〜っ!!
さ……さらわれる〜!!
こら！暴《あば》れるな
ここは危険《きけん》だ！安全《あんぜん》なところへ連《つ》れていってやる
本多忠勝《ほんだただかつ》

ここまで来《く》れば安心《あんしん》だ
あれ?あのマーク……
刀《かたな》が入《はい》っていた箱《はこ》に描《か》いてあったのと同《おな》じ!
え?それじゃあ
ここは

＊本陣《ほんじん》＝大将《たいしょう》のいる陣地《じんち》

そんなことより
西軍《せいぐん》の小早川秀秋《こばやかわひであき》は
ま～だ
動《うご》かぬのか!?
くわっ
!?
戦《いくさ》の勝敗《しょうはい》は
ヤツの動《うご》きに
かかって
おるのに……
オロオロ
も……
もうじき
動《うご》くかと……
おちついて
くだされ…
もうじき?
もうじきって
いつよ!?
このままじゃ
負《ま》けちゃう
よ～～っ!!
ああああああ
なんか
あの人《ひと》……
ぜんぜん
強《つよ》そうに
見《み》えないな
ひそひそ

ザッ
伝令《でんれい》！
小早川秀秋殿《こばやかわひであきどの》がわが軍《ぐん》に味方《みかた》して西軍《せいぐん》を攻撃《こうげき》！
オオオオッ
われらは西軍《せいぐん》を裏切《うらぎ》る！
小早川秀秋《こばやかわひであき》
やった〜!!
これで勝《か》てるな忠勝《ただかつ》！
ばんざーーい
はい！
流《なが》れはわが軍《ぐん》に！
はっ!!
キリッ
この家康《いえやす》の強《つよ》さ見《み》ておるがいい！

ねえ ケン
トントン
イチモンジのこと聞《き》いてみようか？
本当《ほんとう》に家康《いえやす》さんの刀《かたな》かどうか
そうだな こんなチャンス もうないだろうし
家康《いえやす》さん！
なんじゃ？
見《み》てほしい刀《かたな》があるんだけど……
刀《かたな》？
それ
ん？
!!
その刀《かたな》は……!!

殿《との》！ 敵《てき》が退却《たいきゃく》します！
わが軍《ぐん》の勝利《しょうり》です!!
おお 勝《か》った！ 勝《か》ったぞ 忠勝《ただかつ》!!
おめでとうございます 殿《との》！
これで天下《てんか》はわしのもの！ やっと わしの時代《じだい》がくる!!
エイエイオー
うう…

あ おまえたちは しばらく わしの もとにおれ 刀《かたな》の話《はなし》を聞《き》きたい
びくっ
え？
いや…… さっさと 帰《かえ》りたいん だけど
すげー つかれた…
その頃《ころ》 ムラマサは……
くっそ～ 抜《ぬ》けん……！ ケンはどこに いった？
ケン…… いや 誰《だれ》でもいい から……
カァー
カァー
誰《だれ》かオレを 抜《ぬ》いて くれーっ

“関ケ原《せきがはら》の戦《たたか》い”ってどんな戦《たたか》い？

① 豊臣秀吉《とよとみひでよし》の死後《しご》の、天下《てんか》をめぐる争《あらそ》い！

1598（慶長《けいちょう》3）年《ねん》、天下人《てんかびと》・豊臣秀吉《とよとみひでよし》が、幼《おさな》い息子《むすこ》の秀頼《ひでより》を残《のこ》して亡《な》くなりました。すると、豊臣政権《とよとみせいけん》では秀吉《ひでよし》に次《つ》ぐ実力者《じつりょくしゃ》であった徳川家康《とくがわいえやす》が、次《つぎ》の天下人《てんかびと》になろうと動《うご》き出《だ》します。

こうした家康《いえやす》の動《うご》きに反対《はんたい》したのが、秀吉《ひでよし》に可愛《かわい》がられて出世《しゅっせ》した石田三成《いしだみつなり》です。三成《みつなり》は、天下《てんか》を自分《じぶん》のものにしようとする家康《いえやす》に戦《たたか》いを挑《いど》みました。これが関ケ原《せきがはら》の戦《たたか》いです。

石田三成陣地《いしだみつなりじんち》
笹尾山《ささおやま》に陣《じん》を張《は》っていたが、伊吹山《いぶきやま》に逃《に》げた。
徳川家康陣地《とくがわいえやすじんち》
東軍《とうぐん》を勝利《しょうり》に導《みちび》き、家康《いえやす》の天下《てんか》を決定《けってい》づけた。

これが関ケ原《せきがはら》の戦《たたか》いだ！

② 天下分《てんかわ》け目《め》の関ケ原《せきがはら》の戦《たたか》い

1600（慶長《けいちょう》5）年《ねん》9月《がつ》15日《にち》、午前《ごぜん》8時頃《じごろ》、美濃国《みののくに》（岐阜県《ぎふけん》）の関ケ原《せきがはら》で、家康率《いえやすひき》いる東軍約《とうぐんやく》10万《まん》と、三成《みつなり》らの西軍約《せいぐんやく》8万《まん》が激突《げきとつ》しました。この戦《たたか》いに勝《か》ったほうが天下《てんか》を取《と》るという大決戦《だいけっせん》です。

はじめは西軍《せいぐん》が優勢《ゆうせい》でしたが、西軍《せいぐん》の小早川秀秋《こばやかわひであき》の裏切《うらぎ》りで、やがて形勢《けいせい》は逆転《ぎゃくてん》します。西軍《せいぐん》は総崩《そうくず》れとなり、同日午後《どうじつごご》、東軍《とうぐん》が大勝利《だいしょうり》をおさめました。この勝利《しょうり》によって、家康《いえやす》の天下《てんか》が決定《けってい》づけられました。

関ケ原《せきがはら》の戦《たたか》いでの東軍《とうぐん》・西軍《せいぐん》の布陣《ふじん》

西軍《せいぐん》
東軍《とうぐん》
△ 戦《たたか》いに参加《さんか》せず
※ 裏切《うらぎ》り
石田三成《いしだみつなり》
島左近《しまさこん》
小西行長《こにしゆきなが》
島津義弘《しまづよしひろ》
宇喜多秀家《うきたひでいえ》
大谷吉継《おおたによしつぐ》
※小早川秀秋《こばやかわひであき》
黒田長政《くろだながまさ》、細川忠興《ほそかわただおき》など
福島正則《ふくしままさのり》
藤堂高虎《とうどうたかとら》
徳川家康《とくがわいえやす》
山内一豊《やまうちかずとよ》
池田輝政《いけだてるまさ》
毛利秀元《もうりひでもと》
長束正家《なつかまさいえ》
長宗我部盛親《ちょうそかべもりちか》

西軍《せいぐん》は小高《こだか》い山々《やまやま》に陣取《じんど》り、後《あと》から平地《へいち》にやってきた東軍《とうぐん》を包囲《ほうい》した。西軍有利《せいぐんゆうり》な配置《はいち》と思《おも》われたが、様子《ようす》を見《み》て戦《たたか》わない者《もの》や裏切《うらぎ》り者《もの》などが出《で》て、西軍《せいぐん》は敗《やぶ》れた

戦《たたか》わない人《ひと》がいたら勝《か》てないよな

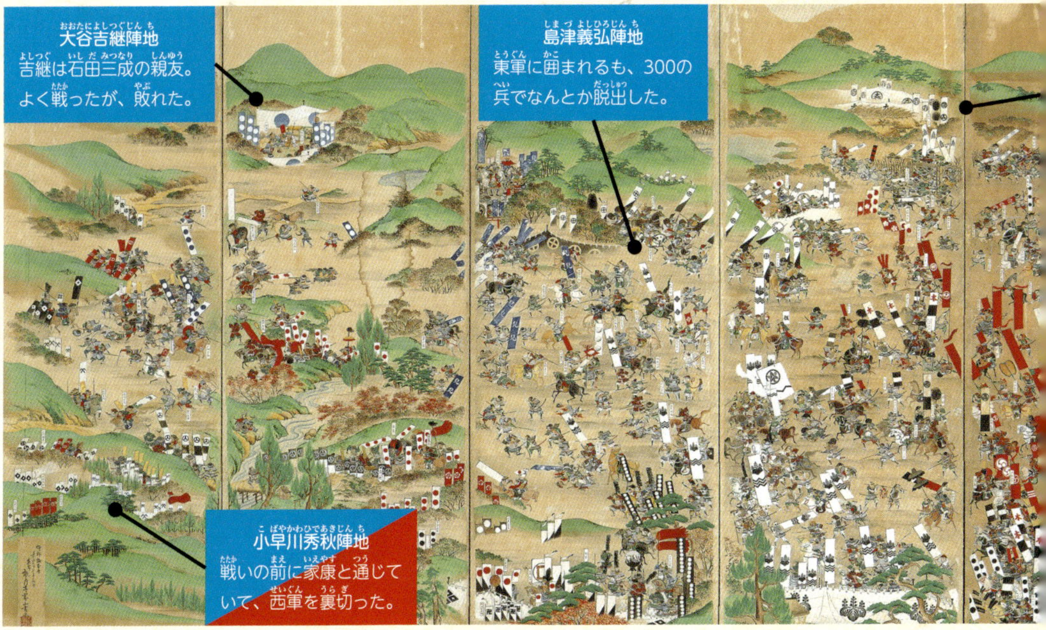
大谷吉継陣地《おおたによしつぐじんち》
吉継《よしつぐ》は石田三成《いしだみつなり》の親友《しんゆう》。よく戦《たたか》ったが、敗《やぶ》れた。
島津義弘陣地《しまづよしひろじんち》
東軍《とうぐん》に囲《かこ》まれるも、300の兵《へい》でなんとか脱出《だっしゅつ》した。
小早川秀秋陣地《こばやかわひであきじんち》
戦《たたか》いの前《まえ》に家康《いえやす》と通《つう》じていて、西軍《せいぐん》を裏切《うらぎ》った。
「関ケ原合戦図屏風」関ケ原町歴史民俗資料館蔵

江戸時代《えどじだい》のキーパーソン 3

戦《たたか》いの勝敗《しょうはい》を左右《さゆう》した

小早川秀秋《こばやかわひであき》

★生没年《せいぼつねん》 1582 ~ 1602 年《ねん》

豊臣秀吉《とよとみひでよし》の正室《せいしつ》・おねのおいで、備後国《びんごのくに》（広島県《ひろしまけん》）の有力大名《ゆうりょくだいみょう》・小早川《こばやかわ》氏《し》の養子《ようし》となった。関ケ原《せきがはら》の戦《たたか》いでは西軍《せいぐん》に参加《さんか》するが、裏切《うらぎ》って東軍《とうぐん》に味方《みかた》した。関ケ原《せきがはら》の戦《たたか》い後《ご》、21 歳《さい》という若《わか》さで亡《な》くなった。

東京大学史料編纂所所蔵模写

江戸時代《えどじだい》のキーパーソン 2

秀吉《ひでよし》に忠誠《ちゅうせい》をつくした

石田三成《いしだみつなり》

★生没年《せいぼつねん》 1560 ~ 1600 年《ねん》

近江国《おうみのくに》（滋賀県《しがけん》）の下級武士《かきゅうぶし》の家《いえ》に生《う》まれ、15 歳《さい》の頃《ころ》、豊臣秀吉《とよとみひでよし》に仕《つか》えた。秀吉《ひでよし》のもと、国《くに》を治《おさ》める優秀《ゆうしゅう》な官僚《かんりょう》として出世《しゅっせ》。近江国《おうみのくに》の佐和山城主《さわやまじょうしゅ》となった。関ケ原《せきがはら》の戦《たたか》い後《ご》、捕《と》らえられて京都《きょうと》で処刑《しょけい》された。

東京大学史料編纂所所蔵模写

3章《しょう》 刀《かたな》と刀《かたな》が大《だい》バトル!?

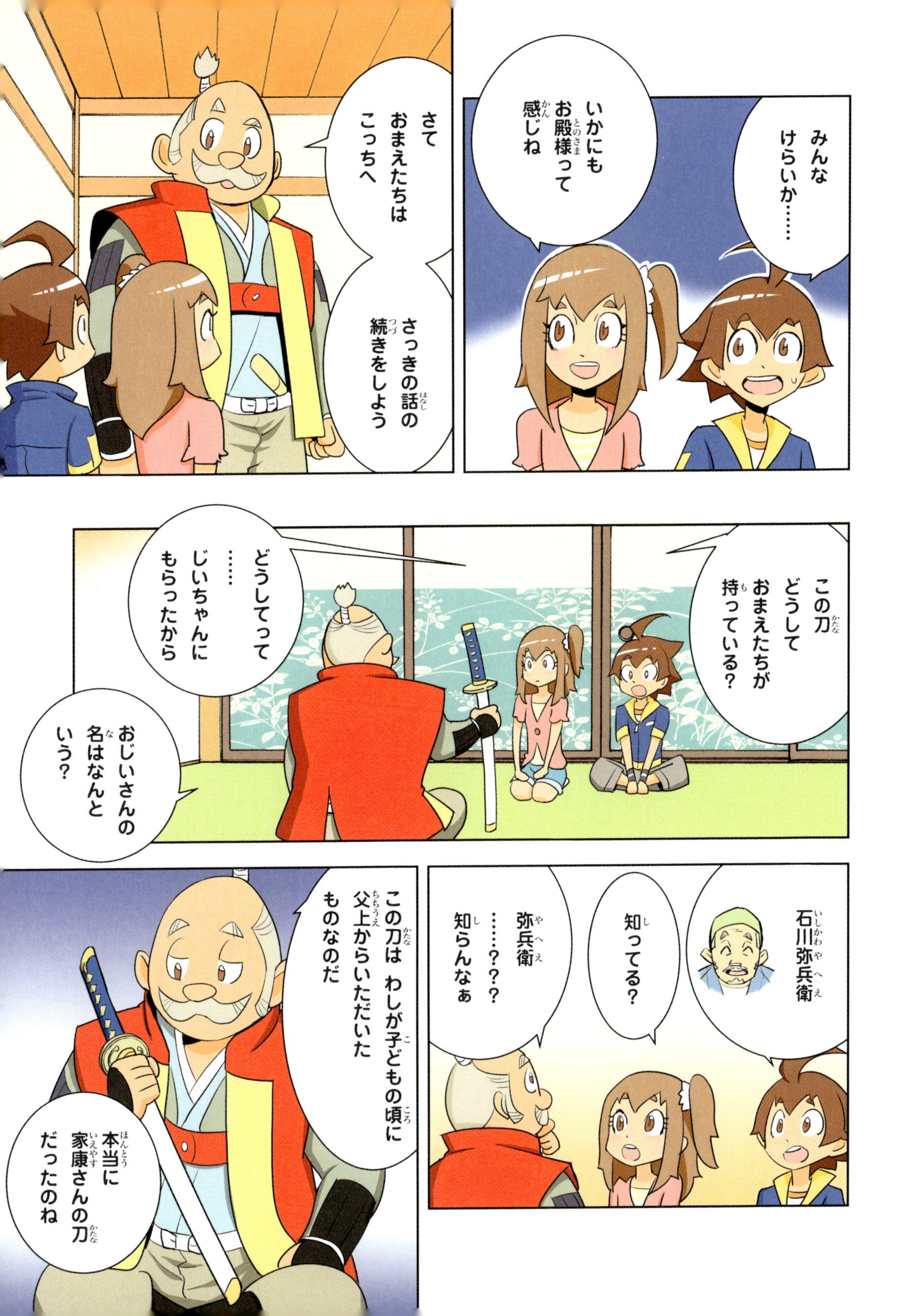
みんなけらいか……
いかにもお殿様《とのさま》って感《かん》じね
さておまえたちはこっちへ
さっきの話《はなし》の続《つづ》きをしよう
この刀《かたな》どうしておまえたちが持《も》っている?
どうしてって……じいちゃんにもらったから
おじいさんの名《な》はなんという?
石川弥兵衛《いしかわやへえ》
知《し》ってる?
弥兵衛《やへえ》……???知《し》らんなぁ
この刀《かたな》は わしが子《こ》どもの頃《ころ》に父上《ちちうえ》からいただいたものなのだ
本当《ほんとう》に家康《いえやす》さんの刀《かたな》だったのね

ところで イチモンジは 現《あらわ》れたか？
うん
さっきまで いたけど なぜか消《き》えちゃった
そうか…… あいつは 元気《げんき》なんだな よかった
家康《いえやす》さんも イチモンジに 会《あ》ったのね？
ああ
子《こ》どもの頃《ころ》は いつも一緒《いっしょ》に 遊《あそ》んでいた
こっち ですよ～
まて～ イチモンジ
なつかしいのう…

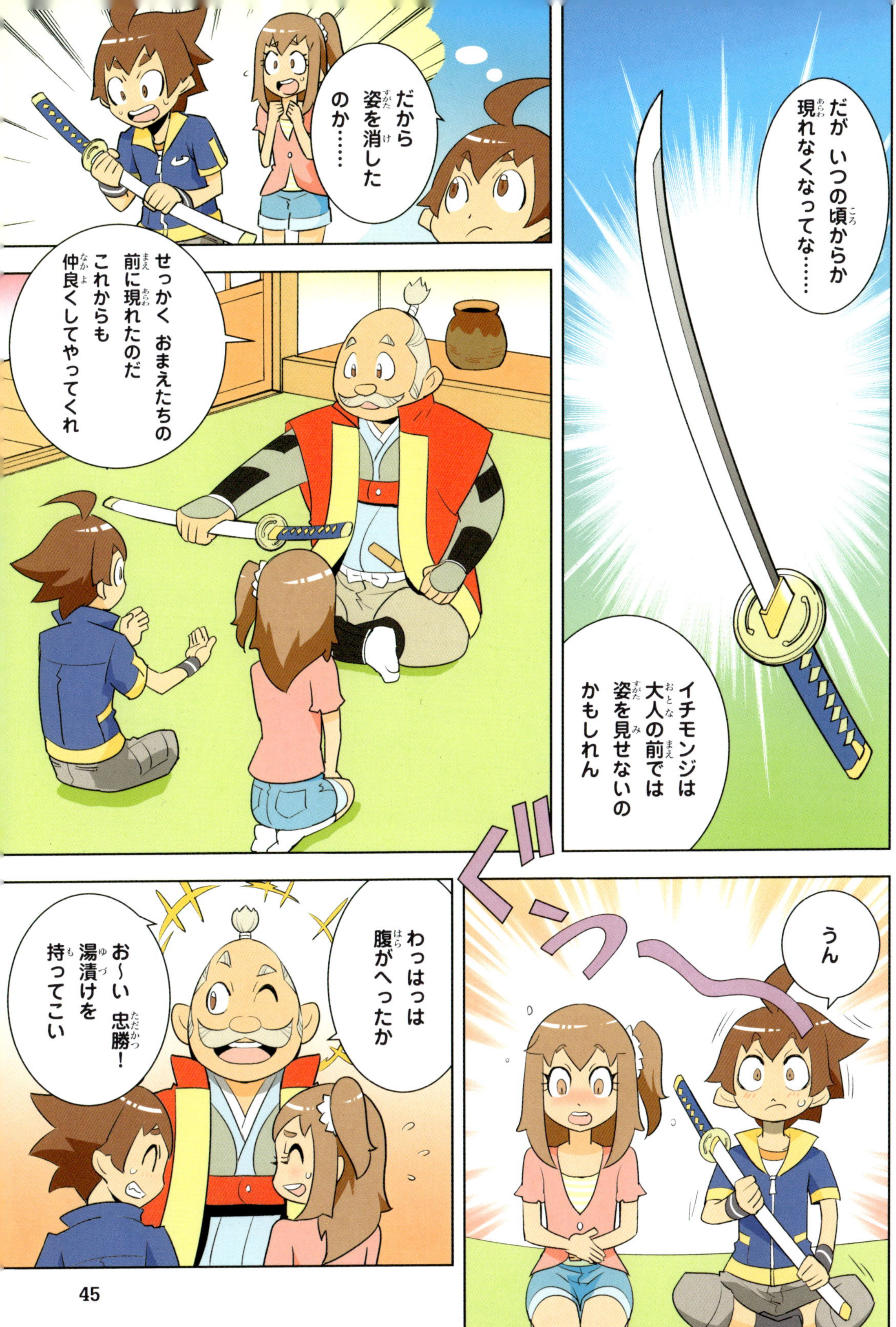
だが いつの頃《ころ》からか 現《あらわ》れなくなってな……
だから 姿《すがた》を消《け》した のか……
イチモンジは 大人《おとな》の前《まえ》では 姿《すがた》を見《み》せないの かもしれん
せっかく おまえたちの 前《まえ》に現《あらわ》れたのだ これからも 仲良《なかよ》くしてやってくれ
うん
ぐ〜〜
わっはっは 腹《はら》がへったか
お〜い 忠勝《ただかつ》! 湯漬《ゆづ》けを 持《も》ってこい

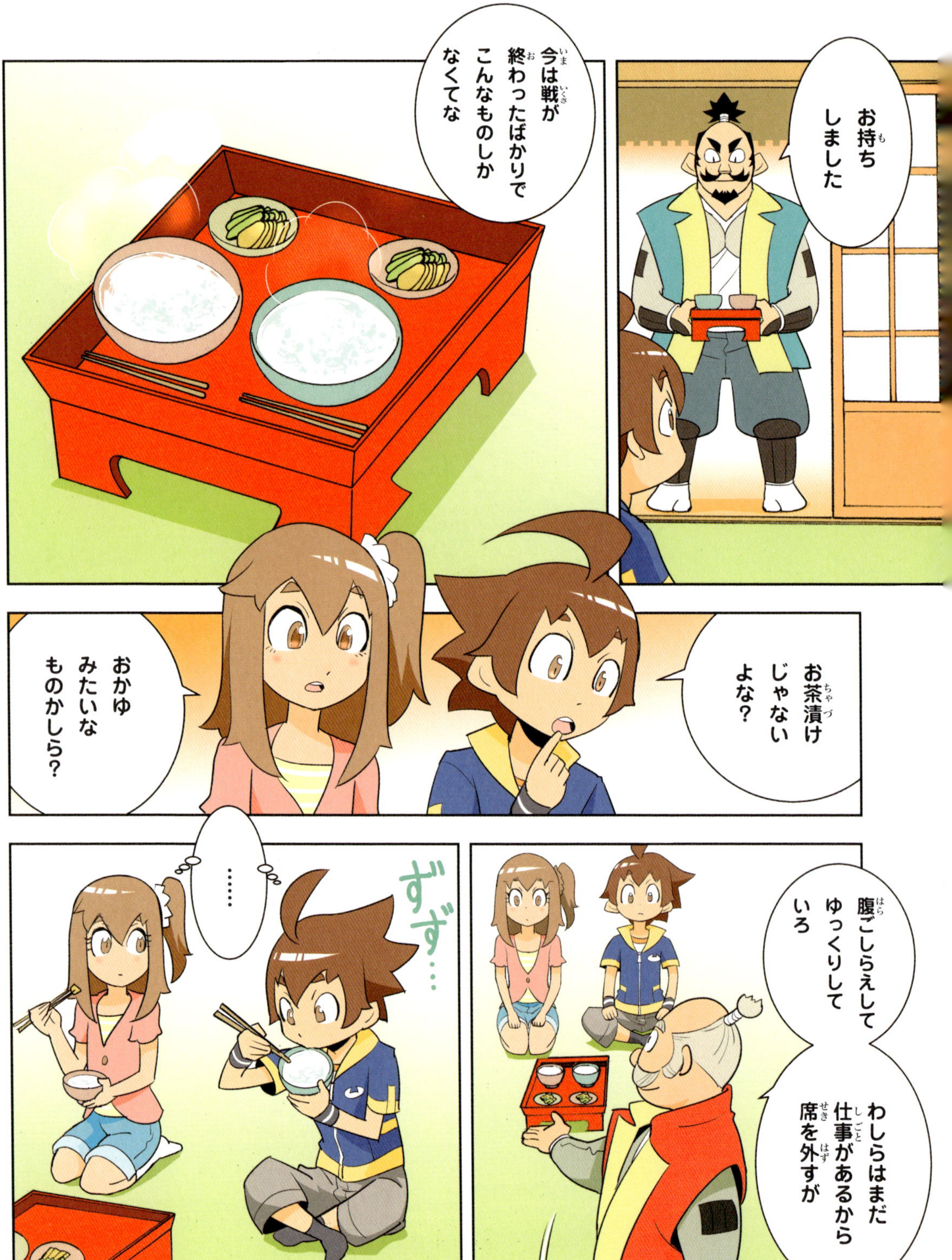
お持《も》ちしました
今《いま》は戦《いくさ》が終《お》わったばかりでこんなものしかなくてな
お茶漬《ちゃづ》けじゃないよな？
おかゆみたいなものかしら？
腹《はら》ごしらえしてゆっくりしていろ
わしらはまだ仕事《しごと》があるから席《せき》を外《はず》すが
……
ずず…

ご飯《はん》にお湯《ゆ》をかけただけ!?
なんか米《こめ》かてーし…
おしんこはすごくしょっぱいわ!
あ そういえばムラマサはどうしたの?
あいつか! 忘《わす》れてたよ
そもそもあいつのせいでこんなことに……
ほっとこうぜ 誰《だれ》かが拾《ひろ》うだろ
ボワ…
ポ
あ! イチモンジ

家康様《いえやすさま》の声《こえ》
なつかしかったなぁ
刀《かたな》の姿《すがた》でも
声《こえ》は聞《き》こえるの?
うん
まわりのことも
見《み》えてるよ
家康《いえやす》さんとは
仲良《なかよ》し
だったのね
家康様《いえやすさま》は平和《へいわ》な国《くに》を
ずっと夢見《ゆめみ》ていて
ボクは
そんな家康様《いえやすさま》が
大好《だいす》きだった
ぐすん
でも ボクらは
大人《おとな》の前《まえ》には
出《で》られない
決《き》まりなんだ
あんなに
近《ちか》くにいた
のにね
かわいそう
なあ
イチモンジ
ムラマサって
どういうヤツ
なんだよ?

ムラマサは ボクと長《なが》い間《あいだ》 一緒《いっしょ》にいて
外《そと》に出《で》たいと ず～っと 願《ねが》ってた
戦《いくさ》で大将《たいしょう》の首《くび》を 取《と》るんだって ず～っと
なんでオレたちが 巻《ま》き込《こ》まれるんだよ？
アブネー ヤツ…
ボクらは子《こ》どもに さわってもらうと 外《そと》に出《で》られる
ようやく その 時《とき》が来《き》たんだ
何《なに》？ じゃあオレ以外《いがい》 今《いま》まで誰《だれ》も さわらなかったのか
ボクは 家康様《いえやすさま》以来《いらい》かな？ ……ムラマサは わからない
この時代《じだい》からって ことは……400年《ねん》以上《いじょう》 待《ま》ってたってこと？

スゥー……
見《み》つけたぞケン！
ゴゴゴゴゴ
オレを置《お》き去《ざ》りにしやがって！
あ～～！おしゃべりできるってすごく楽《たの》しい～！
ズキッ
いてっ！
さっきのカラスどもめ好《す》きほうだいつつきやがって
カァ
カァ
いてて！コ……コラやめろ！
関ケ原《せきがはら》の戦《たたか》いの後《あと》

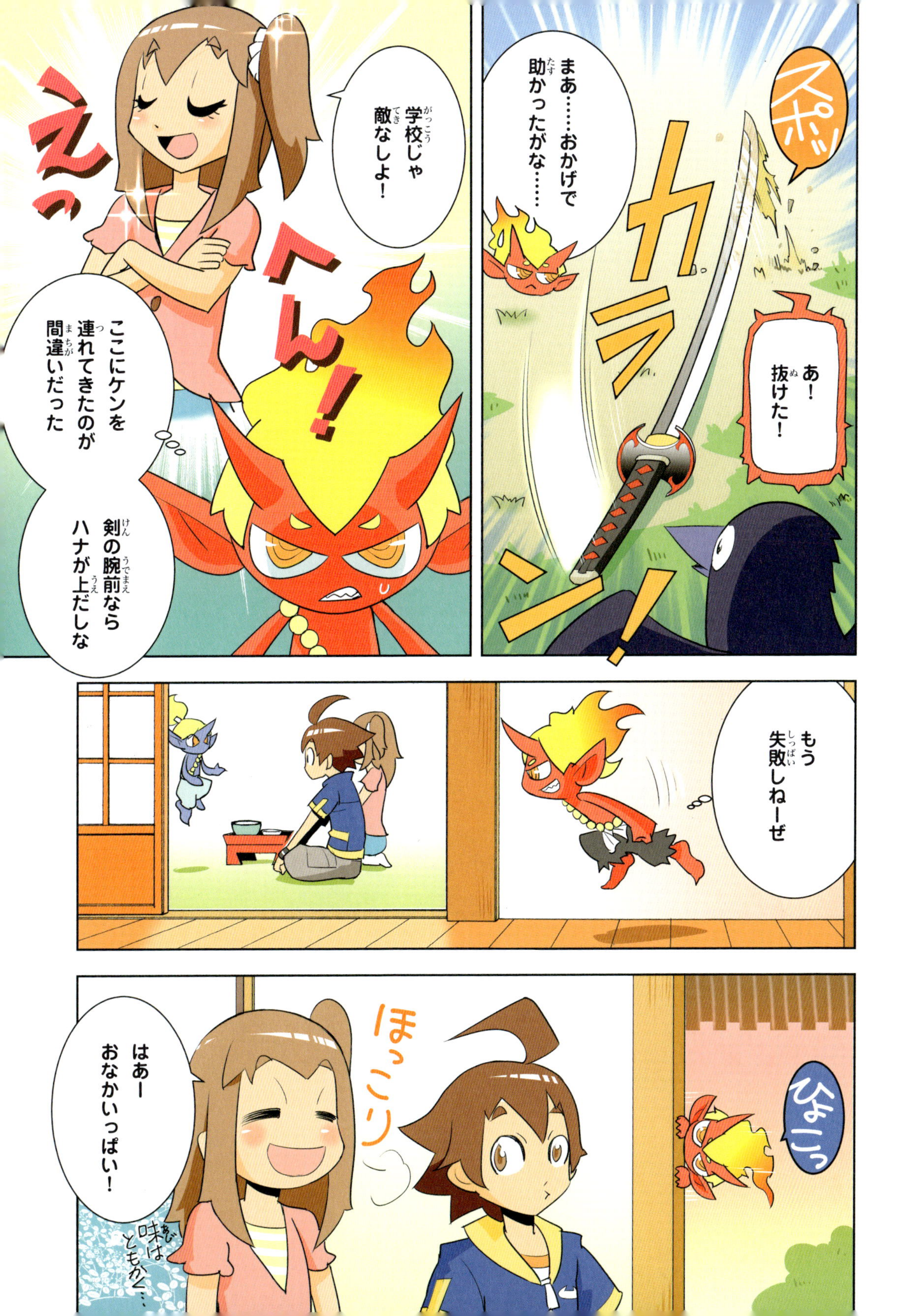
スポッ
カラン！
あ！抜《ぬ》けた！
まあ……おかげで助《たす》かったがな……
学校《がっこう》じゃ敵《てき》なしよ！
えっへん！
ここにケンを連《つ》れてきたのが間違《まちが》いだった
剣《けん》の腕前《うでまえ》ならハナが上《うえ》だしな
もう失敗《しっぱい》しねーぜ
ひょこっ
ほっこり
はあー おなかいっぱい！
味《あじ》はともかく…

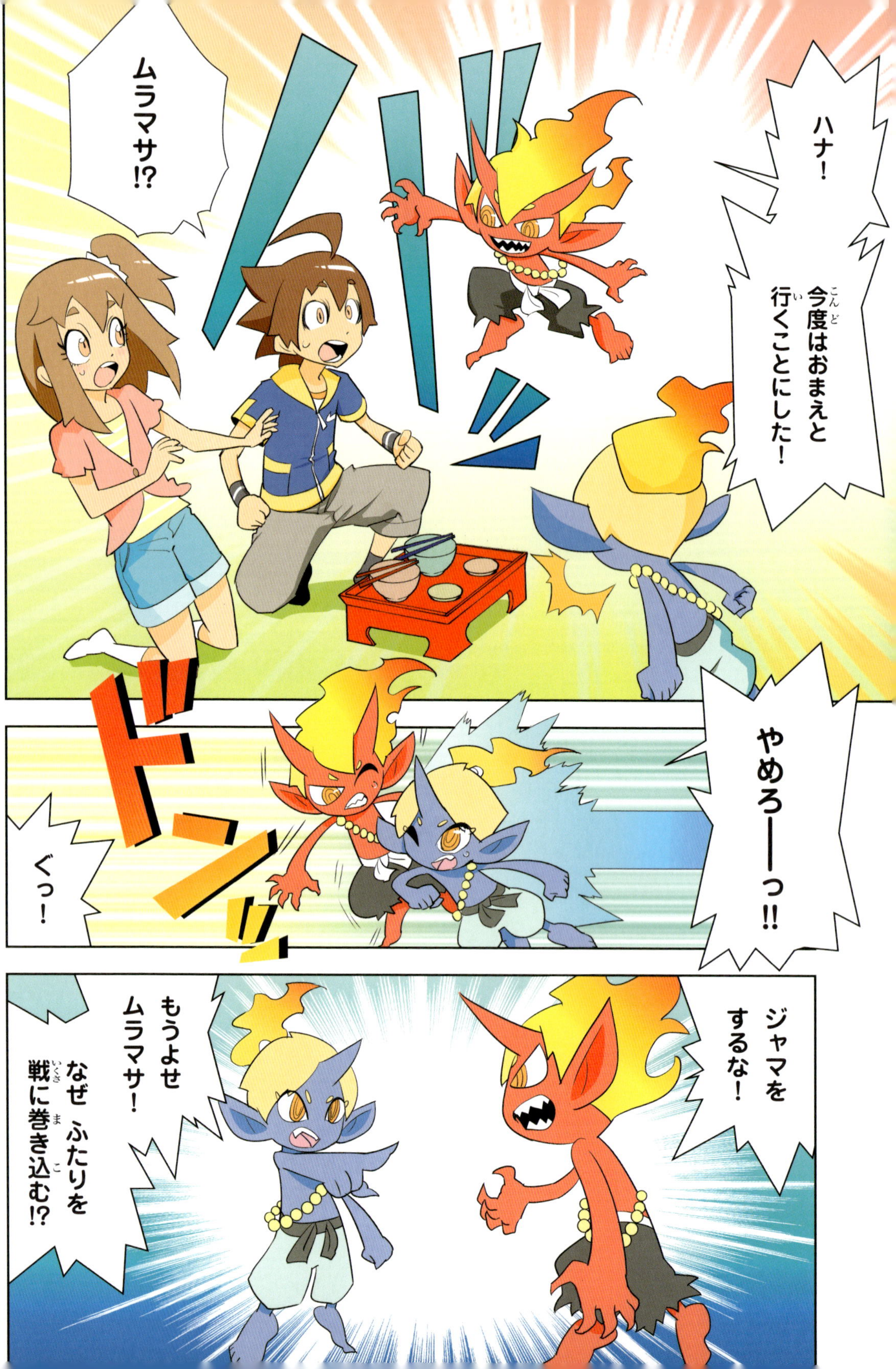
ハナ！
今度《こんど》はおまえと行《い》くことにした！
ムラマサ!?
やめろーーっ!!
ドンッ
ぐっ！
ジャマをするな！
もうよせムラマサ！
なぜ ふたりを戦《いくさ》に巻《ま》き込《こ》む!?

オレたち刀《かたな》は人《ひと》を斬《き》るためにうまれたんだ！
ワァアアッ
戦《いくさ》こそオレたちの生《い》きる道《みち》だろ！
それはおまえの言《い》い分《ぶん》だボクたちは……
弱虫《よわむし》め！
ボムッ
くっ！
イチモンジ！

ギン
ギン!
ミシッ
スパッ
あぶねぇ!
お願《ねが》い
ケンカ
しないで!

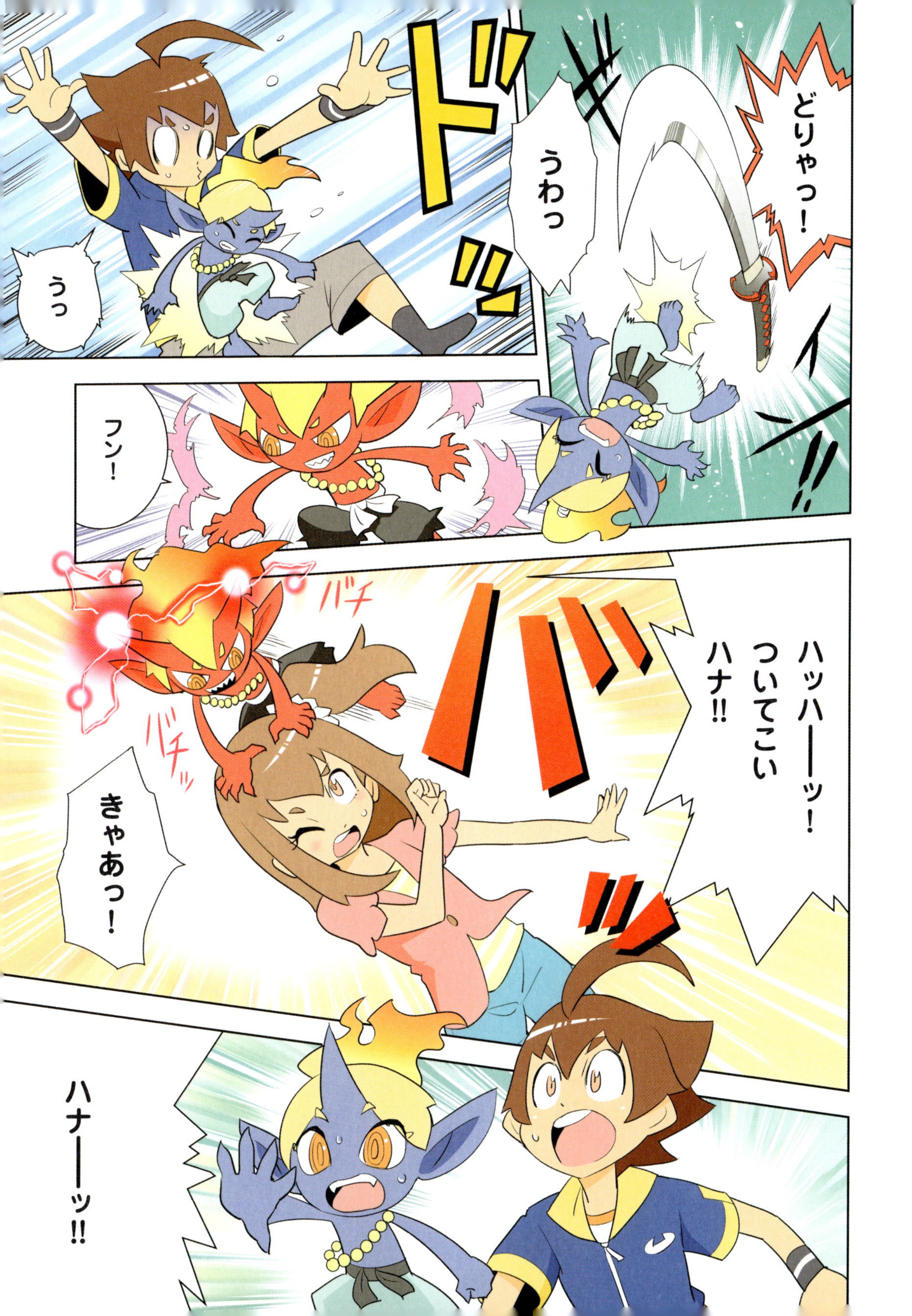
どりゃっ!
ギ
イ
ン!!
うわっ
ドド
ッ
うっ
フン!
ハッハーーッ!
ついてこい
ハナ!!
バチ
バチッ
バ
ッ
きゃあっ!
ハナーーッ!!

関《せき》ケ《が》原《はら》の戦《たたか》い後《ご》の大名《だいみょう》たちは？

①敵《てき》は処分《しょぶん》、味方《みかた》には領地《りょうち》を！

関《せき》ケ《が》原《はら》の戦《たたか》い後《ご》、徳川家康《とくがわいえやす》は、自分《じぶん》に敵対《てきたい》した西《せい》軍側《ぐんがわ》の大名《だいみょう》90家《け》以上《いじょう》の領地《りょうち》を取《と》り上《あ》げるなどの処分《しょぶん》をしました。大大名《だいだいみょう》として力《ちから》を持《も》っていた毛利《もうり》氏《し》や上杉《うえすぎ》氏《し》は、大幅《おおはば》に領地《りょうち》を削《けず》られ、家康《いえやす》に対抗《たいこう》する力《ちから》を失《うしな》いました。

家康《いえやす》は、取《と》り上《あ》げた領地《りょうち》を自分《じぶん》に味方《みかた》した東軍側《とうぐんがわ》の大名《だいみょう》たちに与《あた》え、また、自分《じぶん》につながりのある者《もの》を新《あたら》しい大名《だいみょう》として、各地《かくち》の主要《しゅよう》な場所《ばしょ》に置《お》くなどしていきました。

関《せき》ケ《が》原《はら》の戦《たたか》いでの東軍《とうぐん》・西軍《せいぐん》のおもな大名《だいみょう》

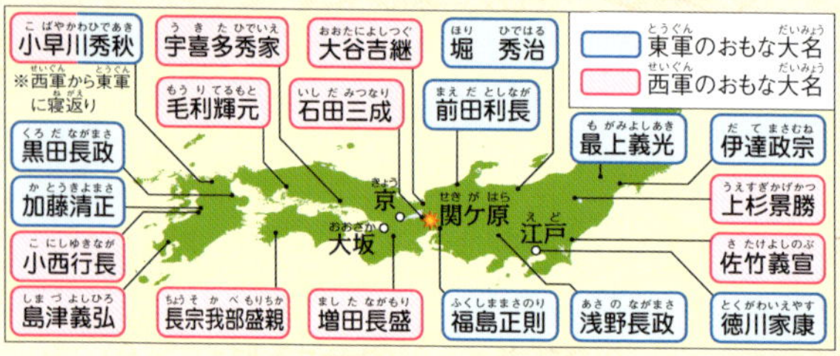

改易《かいえき》	減封《げんぽう》	転封《てんぽう》
領地《りょうち》の没収《ぼっしゅう》。（取《と》りつぶし）	領地《りょうち》の削減《さくげん》。	別《べつ》の領地《りょうち》に移動《いどう》。（国替《くにがえ》）

東軍《とうぐん》・西軍《せいぐん》のおもな大名《だいみょう》の戦後処理《せんごしょり》

西軍《せいぐん》		東軍《とうぐん》	
（毛利輝元《もうりてるもと》）	減封《げんぽう》	徳川家康《とくがわいえやす》	天下人《てんかびと》に
（上杉景勝《うえすぎかげかつ》）	減封《げんぽう》	（浅野長政《あさのながまさ》）	隠居《いんきょ》
宇喜多秀家《うきたひでいえ》	島流《しまなが》し	福島正則《ふくしままさのり》	加増《かぞう》
石田三成《いしだみつなり》	処刑《しょけい》	黒田長政《くろだながまさ》	加増《かぞう》
（増田長盛《ましたながもり》）	改易《かいえき》	前田利長《まえだとしなが》	加増《かぞう》
大谷吉継《おおたによしつぐ》	戦死《せんし》	最上義光《もがみよしあき》	加増《かぞう》
（佐竹義宣《さたけよしのぶ》）	減封《げんぽう》	堀《ほり》 秀治《ひではる》	—
小西行長《こにしゆきなが》	処刑《しょけい》	（伊達政宗《だてまさむね》）	加増《かぞう》
島津義弘《しまづよしひろ》	—	（加藤清正《かとうきよまさ》）	加増《かぞう》
長宗我部盛親《ちょうそかべもりちか》	改易《かいえき》		
※ 小早川秀秋《こばやかわひであき》	加増《かぞう》		

・加増《かぞう》は、領地《りょうち》が増《ふ》えること
・（　）は、関《せき》ケ《が》原《はら》の戦《たたか》いの現場《げんば》にいなかった者《もの》
・—は、変化《へんか》のなかった者《もの》
・※は、裏切《うらぎ》った者《もの》

②豊臣氏《とよとみし》もただの大名《だいみょう》に格下《かくさ》げ！

このように家康《いえやす》が自分《じぶん》の支配体制《しはいたいせい》を固《かた》めていく中《なか》で、豊臣氏《とよとみし》も力《ちから》を削《けず》られます。豊臣秀吉《とよとみひでよし》の息子《むすこ》・秀《ひで》頼《より》の領地《りょうち》は、摂津国《せっつのくに》（大阪府《おおさかふ》、兵庫県《ひょうごけん》）・河内国《かわちのくに》・和泉国《いずみのくに》（ともに大阪府《おおさかふ》）の65万《まん》7千石《せんごく》とされました。領地《りょうち》は大《おお》きいものの、ただの一大名《いちだいみょう》になりました。

③家康《いえやす》、江戸《えど》に幕府《ばくふ》を開《ひら》く！

家康《いえやす》は1603（慶長《けいちょう》8）年《ねん》、征夷大将軍《せいいたいしょうぐん》となって、江戸《えど》に幕府《ばくふ》を開《ひら》きます。江戸時代《えどじだい》のはじまりです。

家康《いえやす》が、正式《せいしき》な武士《ぶし》のリーダー・将軍《しょうぐん》として、全《ぜん》国《こく》の大名《だいみょう》を従《したが》える立場《たちば》となりましたが、家康《いえやす》はその将《しょう》軍職《ぐんしょく》を、間《ま》もなく息子《むすこ》の秀忠《ひでただ》にゆずりました。将軍《しょうぐん》は代々徳川氏《だいだいとくがわし》のものだと、皆《みな》に示《しめ》したのです。

力《ちから》のある者《もの》が
天下《てんか》を取《と》れる
戦国時代《せんごくじだい》はもう
おしまいだ！

江戸時代《えどじだい》のキーパーソン 4

家康《いえやす》に仕《つか》えた猛将《もうしょう》

本多忠勝《ほんだただかつ》

★生没年《せいぼつねん》 1548～1610年《ねん》

三河国《みかわのくに》（愛知県《あいちけん》）生《う》まれで、徳川家康《とくがわいえやす》に仕《つか》えた猛将《もうしょう》。生涯《しょうがい》50以上《いじょう》の戦《たたか》いで一度《いちど》も傷《きず》を受《う》けなかったともいわれる。家康《いえやす》に仕《つか》えた酒井《さかい》忠次《ただつぐ》、榊原康政《さかきばらやすまさ》、井伊直政《いいなおまさ》とともに徳川四天《とくがわしてん》王《のう》と呼《よ》ばれる。

東京大学史料編纂所所蔵模写

江戸時代《えどじだい》のキーパーソン 5

家康《いえやす》から将軍職《しょうぐんしょく》を受《う》け継《つ》いだ

徳川秀忠《とくがわひでただ》

★生没年《せいぼつねん》 1579～1632年《ねん》

徳川家康《とくがわいえやす》の子《こ》で、江戸幕府《えどばくふ》の2代将軍《だいしょうぐん》。家康《いえやす》が幕府《ばくふ》を開《ひら》いた2年後《ねんご》、将軍職《しょうぐんしょく》をゆずられた。しかし、幕府《ばくふ》の実権《じっけん》は、駿府城《すんぷじょう》（静岡県《しずおかけん》）に移《うつ》り住《す》んで“大御所《おおごしょ》”と呼《よ》ばれた家康《いえやす》が握《にぎ》っていた。

東京大学史料編纂所所蔵模写

4章《しょう》
また戦場《せんじょう》!?
“大坂夏《おおさかなつ》の陣《じん》”

これも どでかい 戦《いくさ》だ！
ワクワク するよな～!!
スタッ…
戦《たたか》いたいなら 勝手《かって》にやってよ
わたしを 巻《ま》き込《こ》まないで！
おまえの剣《けん》の腕《うで》と オレの力《ちから》があれば 天下《てんか》を取《と》れるぞ！
天下《てんか》なんか いらないいっ！
いい加減《かげん》に してっ！
ちぇ
しかたない あきらめるか……
スイー…
ボム！
なーんて 言《い》うと 思《おも》ったか!?

*真田幸村《さなだゆきむら》の本名《ほんみょう》については105ページに

やめてえええ！
ダッダッダッ
覚悟《かくご》しろ
幸村《ゆきむら》！
このぉ！
グッ
ぐぐぐ…
やめろって……
ズ
言《い》ってんでしょーが!!
おわっ
ギン
!?
ギン
なんだっ!?

はっ
何《なに》？あの娘《むすめ》が？
すきありっ！
ドガッ
ガッ
えっ？
えっ？
助《たす》かったぞ娘《むすめ》！
ストン！
ひょい
きゃっ

ドドドドド
おのれ幸村《ゆきむら》！逃《に》がすなーっ！
なんてバカ力《ぢから》だ……
ポーン！
ハナーっ！どこだーっ!?
このあたりのはずだけど
ムラマサの気配《けはい》が消《き》えた……
もっとよく捜《さが》そう！
ヒュン

真田幸村《さなだゆきむら》の陣《じん》
幸村様《ゆきむらさま》
ご無事《ぶじ》で！
ああ ついでに
命知《いのちし》らずな娘《むすめ》を
拾《ひろ》ってきた
ひょこっ
ど……
どーも
おかげで
助《たす》かった
礼《れい》を言《い》う
助《たす》けられたのは
わたしも
同《おな》じだし……
安全《あんぜん》な
ところまで
案内《あんない》させせよう
その男《おとこ》と
行《い》くがよい
ス
ッ
わたしは
戦場《せんじょう》に
戻《もど》らねば……

ゴ
家康《いえやす》だけはゆるしておけぬ！
ゴ
ゴゴ
えっ……
ガガッ
家康《いえやす》さんを……どうして？
さあ行《い》こうか

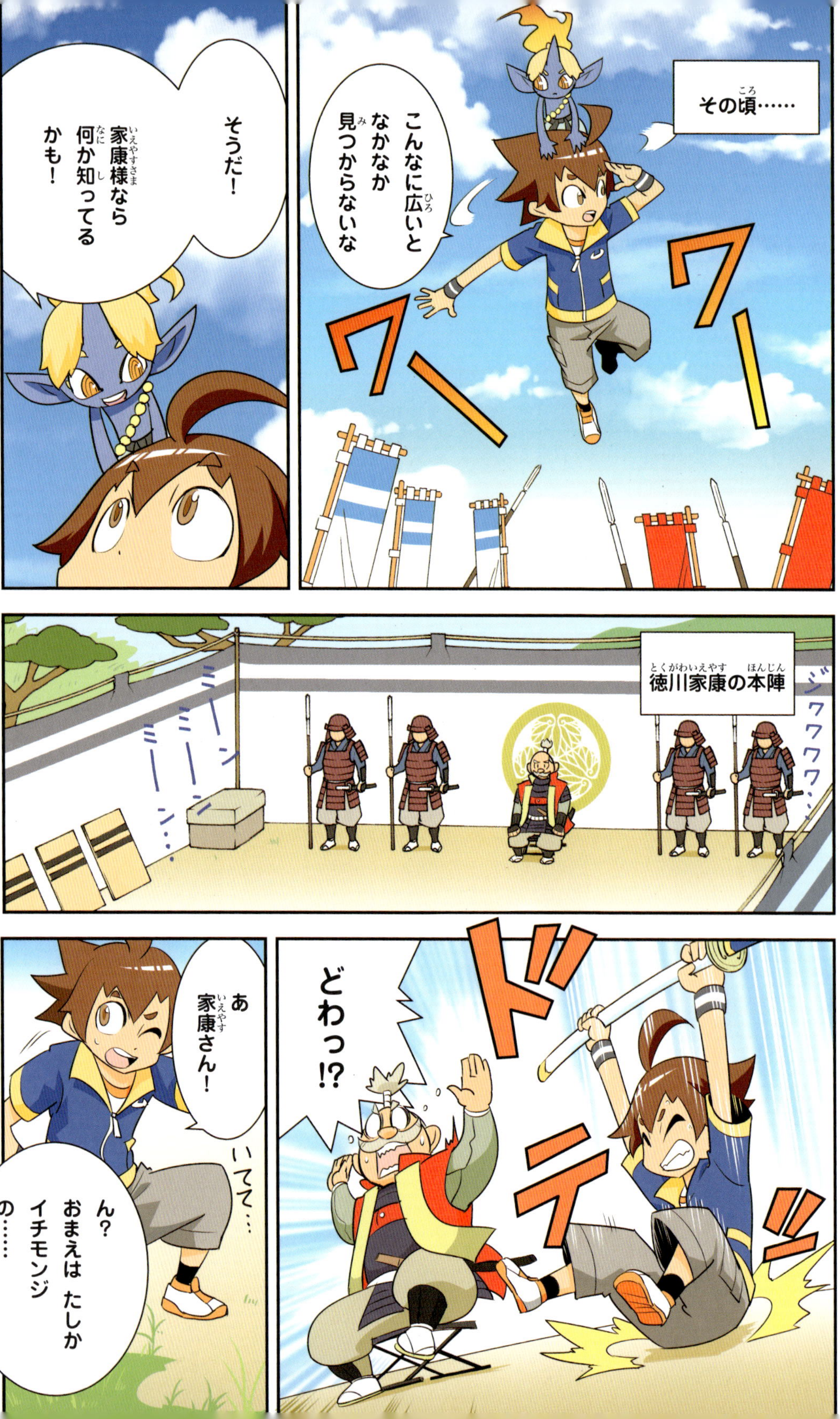
その頃《ころ》……
こんなに広《ひろ》いと なかなか 見《み》つからないな
ワーワー
そうだ！ 家康様《いえやすさま》なら 何《なに》か知《し》ってる かも！
徳川家康《とくがわいえやす》の本陣《ほんじん》
ジワワワワ…
ミーン ミーン ミーン…
ドテッ
どわっ!?
あ 家康《いえやす》さん！
いてて…
ん? おまえは たしか イチモンジ の……

郵　便　は　が　き

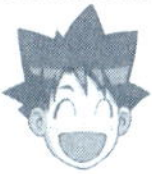

ここに切手《きって》を
貼《は》ってね！

1 0 4 - 8 0 1 1

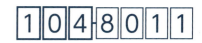

朝日新聞出版　生活・文化編集部

「サバイバル」「対決」
「タイムワープ」シリーズ　係

☆**愛読者《あいどくしゃ》カード**☆シリーズをもっとおもしろくするために、みんなの感想《かんそう》を送《おく》ってね。
毎月《まいつき》、抽選《ちゅうせん》で10名《めい》のみんなに、サバイバル特製《とくせい》グッズをあげるよ。

☆**ファンクラブ通信《つうしん》への投稿《とうこう》**☆このハガキで、ファンクラブ通信《つうしん》のコーナーにも投稿《とうこう》できるよ！
たくさんのコーナーがあるから、いっぱい応募《おうぼ》してね。

ファンクラブ通信《つうしん》は、公式《こうしき》サイトでも読《よ》めるよ！ サバイバルシリーズ 検索《けんさく》

お名前《なまえ》		ペンネーム	※本名《ほんみょう》でも可《か》		
ご住所《じゅうしょ》	〒				
電話番号《でんわばんごう》		シリーズを何冊《なんさつ》もってる？	冊《さつ》		
メールアドレス					
学年《がくねん》	年《ねん》	年齢《ねんれい》	才《さい》	性別《せいべつ》	
コーナー名《めい》	※ファンクラブ通信《つうしん》への投稿《とうこう》の場合《ばあい》				

※ご提供《ていきょう》いただいた情報《じょうほう》は、個人情報《こじんじょうほう》を含《ふく》まない統計的《とうけいてき》な資料《しりょう》の作成等《さくせいなど》に使用《しよう》いたします。その他《た》の利用《りよう》について詳《くわ》しくは、当社《とうしゃ》ホームページ https://publications.asahi.com/company/privacy/ をご覧下《らんくだ》さい。

☆本《ほん》の感想《かんそう》、ファンクラブ通信《つうしん》への投稿《とうこう》など、好《す》きなことを書《か》いてね！

ご感想《かんそう》を広告《こうこく》、書籍《しょせき》の PR に使用《しよう》させていただいてもよろしいでしょうか？

1．実名《じつめい》で可《か》　　2．匿名《とくめい》で可《か》　　3．不可《ふか》

バババ
家康《いえやす》さん！
ハナが……
ハナが戦《たたか》いに
巻《ま》き込《こ》まれてるかも
しれないんだ！
ハナ？
オレの双子《ふたご》の
妹《いもうと》だよ
何《なに》!?
あの娘《むすめ》が！
この子《こ》の
妹《いもうと》を捜《さが》せ！
おそらく
戦場《せんじょう》じゃ！
はっ
オレも
行《い》くぜっ！
しっかり
つかまって
ろよ！
ヒヒィィ～ン！

……う……
ボムッ
うう……まだ目《め》が回《まわ》る……
刀《かたな》の姿《すがた》ではダメだ……
こうなったら強引《ごういん》だが……
待《ま》ってろハナ
オレはあきらめん
ミーーン
ミーン…
ミーーン…

ミーン
ミーン……
ねえ 今《いま》やっているのは どういう 戦《たたか》いなの？
豊臣氏《とよとみし》と 徳川氏《とくがわし》との 戦《たたか》いだ
天下《てんか》はもともと 豊臣秀吉様《とよとみひでよしさま》が 治《おさ》めていた
豊臣秀吉《とよとみひでよし》
しかし秀吉様《ひでよしさま》の 死後《しご》 家康《いえやす》が 豊臣氏《とよとみし》から 天下《てんか》を奪《うば》い
さらに今回《こんかい》 豊臣氏《とよとみし》を 滅《ほろ》ぼそうと 攻《せ》めてきたのだ
そして 幸村様《ゆきむらさま》は 豊臣氏《とよとみし》の 味方《みかた》をしている
家康《いえやす》さん…… 戦《たたか》いをなくすって 言《い》ってたのに…… どうして？
この道《みち》を まっすぐ行《い》け すぐに村《むら》がある

スゥッ
ケン……
イチモンジ……
助《たす》けにきて
くれるかな？
見《み》つけたぞ！
グッ
うおおおおっ!!
最大《さいだい》パワーッ!!
バリバリ
ギュン!

バリバリッ
バリッ
きゃああああっ
ドサッ
グググッ
ククク……うまくいった！
ギ
おまえの体《からだ》貸《か》してもらうぞ！
ハナ！

“大坂《おおさか》の陣《じん》”って何《なに》？

① 大坂冬《おおさかふゆ》の陣《じん》と夏《なつ》の陣《じん》、2つの戦《たたか》い！

大坂《おおさか》の陣《じん》は、徳川家康《とくがわいえやす》と豊臣《とよとみ》氏《し》の2度《ど》にわたる戦《たたか》いです。1614（慶長《けいちょう》19）年《ねん》の大坂冬《おおさかふゆ》の陣《じん》と、翌《よく》1615（慶長《けいちょう》20）年《ねん》の大坂夏《おおさかなつ》の陣《じん》の2回《かい》、戦《たたか》いが行《おこな》われました。

② 戦《たたか》いは豊臣《とよとみ》氏《し》を滅《ほろ》ぼすのが狙《ねら》い！

江戸幕府《えどばくふ》を開《ひら》き、徳川《とくがわ》氏《し》がずっと将軍《しょうぐん》を受《う》け継《つ》いでいくことを示《しめ》した家康《いえやす》でしたが、まだ心配《しんぱい》なことがありました。豊臣《とよとみ》氏《し》の存在《そんざい》です。

江戸《えど》時代《じだい》になっても、いまだに豊臣《とよとみ》氏《し》に恩《おん》を感《かん》じて慕《した》っている大名《だいみょう》が多《おお》く見《み》られたのです。いつか豊臣《とよとみ》氏《し》が力《ちから》を盛《も》り返《かえ》して、徳川《とくがわ》氏《し》を脅《おびや》かすかもしれません。そこで家康《いえやす》は、豊臣《とよとみ》氏《し》を滅《ほろ》ぼして、徳川《とくがわ》の世《よ》を万全《ばんぜん》にしなければならないと考《かんが》えたのです。

もの知《し》りコラム

鐘《かね》に刻《きざ》まれた文字《もじ》で戦《たたか》いに!?
方広寺鐘銘問題《ほうこうじしょうめいもんだい》

1614（慶長《けいちょう》19）年《ねん》、豊臣秀吉《とよとみひでよし》の息子《むすこ》・秀頼《ひでより》が京都《きょうと》の方広寺《ほうこうじ》を再建《さいけん》しました。その時《とき》つくった鐘《かね》には「国家安康《こっかあんこう》」「君臣豊楽《くんしんほうらく》」という文字《もじ》が刻《きざ》まれていました。

◆ ◆ ◆

家康《いえやす》は「『豊《ほう》』『臣《しん》』の文字《もじ》が並《なら》んでいるのに、『家《か》』『康《こう》』の文字《もじ》が離《はな》れているのは自分《じぶん》を呪《のろ》うものだ」と秀頼《ひでより》に言《い》いがかりをつけました。

「決《けっ》して呪《のろ》いなどではない」という秀頼《ひでより》の言《い》い分《ぶん》にも耳《みみ》を貸《か》さず、家康《いえやす》はこれを戦《たたか》いのきっかけに利用《りよう》したのです。

京都市東山区《きょうとしひがしやまく》の方広寺《ほうこうじ》の鐘《かね》。白《しろ》く囲《かこ》まれた部分《ぶぶん》に、「国家安康《こっかあんこう》」「君臣豊楽《くんしんほうらく》」の文字《もじ》がある

写真：朝日新聞社

③大坂冬《おおさかふゆ》の陣《じん》で、大坂城《おおさかじょう》の堀《ほり》を埋《う》める！

1614（慶長《けいちょう》19）年《ねん》の大坂冬《おおさかふゆ》の陣《じん》では、真田幸村《さなだゆきむら》ら豊臣氏《とよとみし》に味方《みかた》する10万《まん》の兵《へい》が、大坂城《おおさかじょう》に集《あつ》まりました。対《たい》する家康《いえやす》は、20万《まん》の大軍《たいぐん》で城《しろ》を取《と》り囲《かこ》みます。

幸村《ゆきむら》は、大坂城《おおさかじょう》の南側《みなみがわ》に「真田丸《さなだまる》」と呼《よ》ばれる砦《とりで》を築《きず》き、徳川軍《とくがわぐん》の主力《しゅりょく》と戦《たたか》いました。真田丸《さなだまる》を攻《せ》めた徳川軍《とくがわぐん》は、1日《にち》で騎兵《きへい》だけでも数百人《すうひゃくにん》の死者《ししゃ》を出《だ》したといわれます。なかなか城《しろ》を落《お》とせない家康《いえやす》は、豊《とよ》臣氏《とみし》に和平交渉《わへいこうしょう》をもちかけます。次《つぎ》の戦《たたか》いを見越《みこ》した策《さく》でした。

豊臣方《とよとみがた》は、徳川方《とくがわがた》が大坂城《おおさかじょう》の外堀《そとぼり》だけを埋《う》めるのだと思《おも》っていたが、家康《いえやす》は内堀《うちぼり》まで埋《う》めてしまった。これによって、難《なん》攻不落《こうふらく》といわれた大坂城《おおさかじょう》の防御力《ぼうぎょりょく》は著《いちじる》しく低下《ていか》した

④大坂夏《おおさかなつ》の陣《じん》で、豊臣氏《とよとみし》が滅亡《めつぼう》！

1615（慶長《けいちょう》20）年《ねん》、家康《いえやす》は再《ふたた》び大坂城《おおさかじょう》を取《と》り囲《かこ》みます。堀《ほり》を埋《う》められた大坂城《おおさかじょう》は丸裸《まるはだか》で、豊臣氏《とよとみし》に徳川軍《とくがわぐん》を防《ふせ》ぐ力《ちから》はなくなっていました。豊臣方《とよとみがた》の兵《へい》は決死《けっし》の覚悟《かくご》で城《しろ》を出《で》て戦《たたか》います。

幸村《ゆきむら》は、徳川方《とくがわがた》の本陣《ほんじん》を3度《ど》も襲《おそ》い、家康《いえやす》を追《お》いつめたといわれます。しかし、圧倒的《あっとうてき》な兵力《へいりょく》には勝《か》てず、ついに豊臣秀頼《とよとみひでより》は大坂城《おおさかじょう》で自《みずか》ら命《いのち》を絶《た》ち、豊臣氏《とよとみし》は滅《ほろ》びました。

江戸時代《えどじだい》のキーパーソン 6

天下人《てんかびと》の悲劇《ひげき》の息子《むすこ》

豊臣秀頼《とよとみひでより》

★生没年《せいぼつねん》 1593～1615年《ねん》

徳川家康《とくがわいえやす》の前《まえ》の天下人《てんかびと》・豊臣秀吉《とよとみひでよし》の息子《むすこ》。父《ちち》の秀吉《ひでよし》は小柄《こがら》な体格《たいかく》だったが、秀頼《ひでより》はとても大柄《おおがら》だったという。家康《いえやす》は、秀頼《ひでより》の立派《りっぱ》に成《せい》長《ちょう》した姿《すがた》を見《み》て、豊臣氏《とよとみし》を滅《ほろ》ぼす決意《けつい》をしたともいわれる。

東京大学史料編纂所所蔵模写

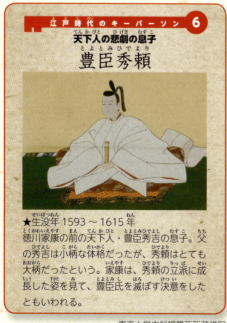

5章《しょう》

日本一《ひのもといち》の兵《つわもの》・真田幸村《さなだゆきむら》！

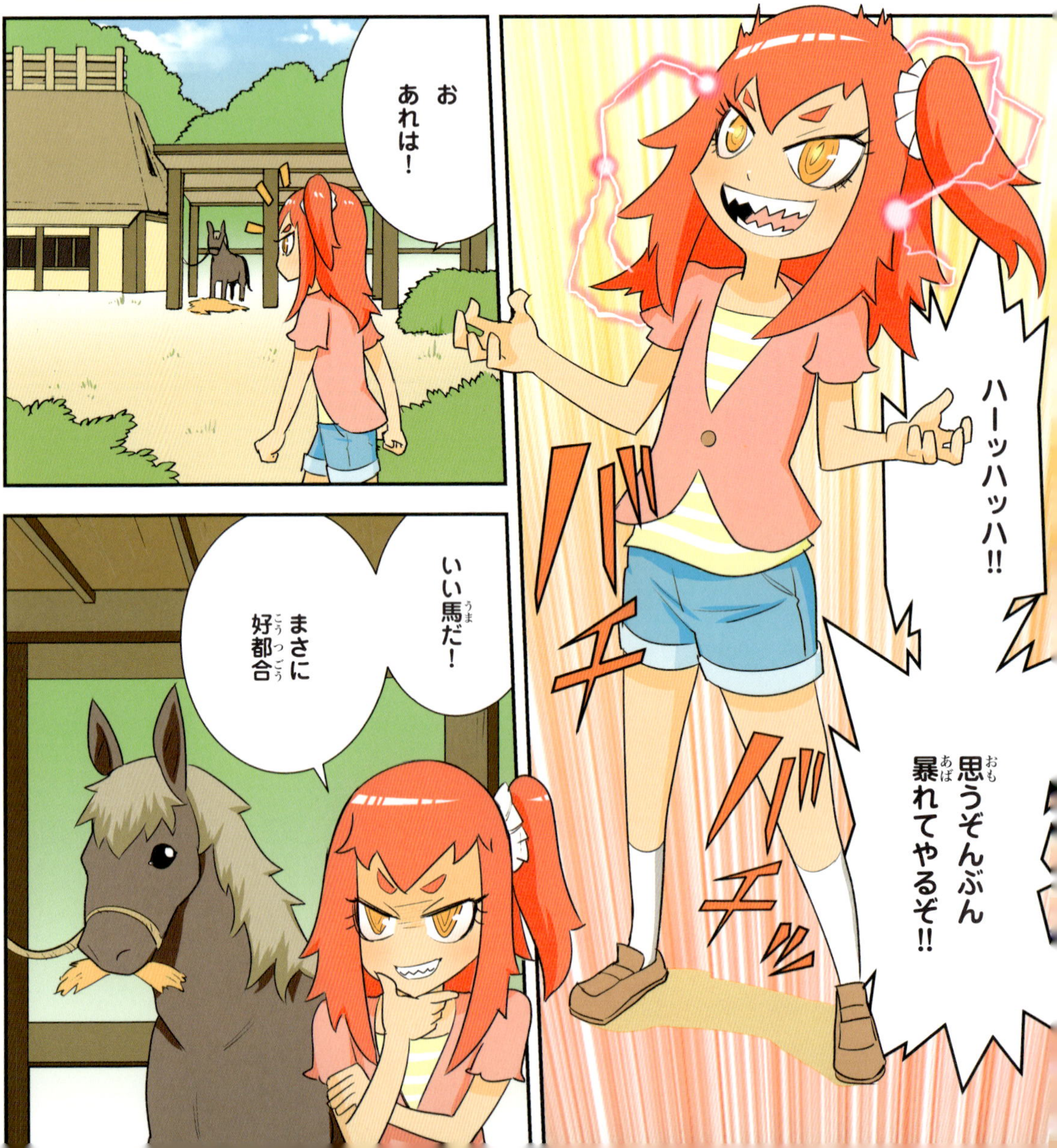

パカ
パカ
ハナーッ!
いたら返事《へんじ》してくれーっ!
おまえたち小《ちい》さな娘《むすめ》を見《み》なかったか?
娘《むすめ》?
ああ!いましたよ
せっかく幸村《ゆきむら》を追《お》いつめたのにジャマされて……
幸村《ゆきむら》と馬《うま》で逃《に》げていきました
なんと……真田《さなだ》幸村《ゆきむら》のところにいるのか……
ユキムラ?

わしひとりでは
幸村《ゆきむら》に太刀《たち》打《う》ち
できん
いったん
陣《じん》に戻《もど》ろう
パカッパカ
そんなに
強《つよ》い人《ひと》と一緒《いっしょ》なら
ひとまずハナは
大丈夫《だいじょうぶ》だな
徳川家康《とくがわいえやす》の本陣《ほんじん》
何《なに》イ〜ッ!?
真田幸村《さなだゆきむら》
じゃとーっ!!
いまいましい
ヤツめ!
あいつだけは
ギッタンギッタンに
してやるーっ!
だん だんっ
ムッキー!!
お……
落《お》ち着《つ》きなって
家康《いえやす》さん
そんなに
きらいなの?
その人《ひと》のこと

ああ！
幸村《ゆきむら》だけじゃない
真田《さなだ》の一族《いちぞく》は
わしのジャマばかり
しおって……！
ガリガリガリ
血管《けっかん》
切《き》れるよ？
それにしても
おまえは
不思議《ふしぎ》な
子《こ》じゃのう
前《まえ》に会《あ》った時《とき》の
関ケ原《せきがはら》から十数年《じゅうすうねん》は
経《た》っているのに……
ササササ
ちっとも年《とし》を
とっておらん
ああ それは
イチモンジ
が……
！
そうだ
家康《いえやす》さん！
刀《かたな》の精霊《せいれい》って
イチモンジ以外《いがい》にも
見《み》たことある？
いや
ないが

そっか―……
はあぁあ…
それが どうかしたのか？
じつは もうひとりムラマサってのがいてさ……
大将首《たいしょうくび》じゃあ――
そいつ戦《たたか》いが大好《だいす》きですごく迷惑《めいわく》してるんだ！
もしかしてムラマサをおとなしくさせる方法《ほうほう》を知《し》ってるかな……って
ふーむ……それなら
戦《いくさ》をなくせばいいんじゃないか？
ピコーン
その戦《いくさ》を今《いま》してるのは家康《いえやす》さんだろ！
面目《めんぼく》ない
しゅ～ん…

だが これでもわしは
ひとまず戦《たたか》いのない世《よ》を
つくったのだぞ
最初《さいしょ》におまえと会《あ》った
〝関ケ原《せきがはら》の戦《たたか》い〟の後《あと》
わしは将軍《しょうぐん》になって
江戸《えど》に幕府《ばくふ》を開《ひら》いた
それから十数年《じゅうすうねん》
戦《たたか》いなど
なかったのだ
だが かつての天下人《てんかびと》・
豊臣氏《とよとみし》に心《こころ》を寄《よ》せている
大名《だいみょう》たちはまだ多《おお》い

わしが死《し》んだ後《あと》は どうなる?
再《ふた》び豊臣《とよとみ》について 徳川《とくがわ》に敵対《てきたい》する大名《だいみょう》が 出《で》て世《よ》が乱《みだ》れるかも しれん だから豊臣《とよとみ》を 滅《ほろ》ぼすのだ
話《はな》し合《あ》いで 解決《かいけつ》できないの?
子《こ》どもには まだ 難《むずか》しいかも しれんが……
今回《こんかい》は戦《たたか》って 平和《へいわ》を勝《か》ち取《と》る しかないのだ
キリッ!!
だが 安心《あんしん》せい 豊臣《とよとみ》を滅《ほろ》ぼせば 戦《いくさ》はなくなる
これがわしの 最後《さいご》の戦《いくさ》だ!
グサッ
ひょえええ!!
うわっ! 何《なに》!?

殿《との》！ 真田《さなだ》が！
真田幸村《さなだゆきむら》が突撃《とつげき》してきます!!
なっ なっ なんじゃとーっ!?
ビクーーッ
さ……真田《さなだ》が来《く》る……!!
ゴゴゴゴ
日本一《ひのもといち》の兵《つわもの》といわれる真田《さなだ》がっ！
うわーん いやじゃあああ
家康《いえやす》さん！
びゅんっ
まだ死《し》にたくなーーーい!!

ドワァッ
家康様《いえやすさま》をお守《まも》りせよ!!
ガッ
狙《ねら》うは家康《いえやす》の首《くび》!!
討《う》ち取《と》れっ!!
うわあああっ!!
ドドドドド

見《み》つけたぞぉ！
大将首《たいしょうくび》ーっ!!
バッ!!
!?
はぁーっ!!
ガキィン
ドガガガッ
おまえは
さっきの
……!?

なんのつもりだ娘《むすめ》!!
オレは強《つよ》いヤツと戦《たたか》いたいだけよ!
いざ勝負《しょうぶ》!!
あれってハナじゃんか!!
ワァアアッ
でも様子《ようす》がヘンだぞ!

家康《いえやす》さん なんとか してよ!!
ミーーン ミーーン
ズコッ
ツクツクホーシ ツクツクホーシ
セミのフリ すんなっ!
バレバレ じゃねーか
!!
イチモンジ……!!
コソッ

イチモンジ！ハナがっ……
ポン
うん！ムラマサがハナの体《からだ》を乗《の》っ取《と》ってるんだ！
どうやったら助《たす》けられる!?
よし！ボクとケンの体《からだ》を合《あ》わせよう！
最大《さいだい》パワーーッ!!
カァァァ

ハッハッハー!!
どうしたどうしたーっ!
ぶん
ぶん
やめるんだ ムラマサッ!!
これ以上《いじょう》 勝手《かって》は させないぞ!!
ドドドド
きさま! イチモンジか!!

キリスト教《きょう》や外国《がいこく》との関係《かんけい》

① 江戸時代《えどじだい》、キリスト教《きょう》は禁止《きんし》！

1613（慶長《けいちょう》18）年《ねん》、江戸幕府《えどばくふ》はキリスト教《きょう》を禁《きん》止《し》する命令《めいれい》（禁教令《きんきょうれい》）を全国《ぜんこく》に出《だ》しました。国内《こくない》のキリスト教徒《きょうと》が、ポルトガルやスペインなどと手《て》を組《く》んで、幕府《ばくふ》に反抗《はんこう》することを恐《おそ》れたためです。

また、キリスト教《きょう》がこれ以上《いじょう》広《ひろ》まらないようにと、ヨーロッパ諸国《しょこく》との交流《こうりゅう》を制限《せいげん》しました。

② オランダは貿易《ぼうえき》OK《オーケイ》！

キリスト教《きょう》を禁《きん》じると、幕府《ばくふ》はイギリス、スペイン、ポルトガルとの国交《こっこう》も禁止《きんし》しました。しかし、オランダはキリスト教《きょう》を広《ひろ》めないと約束《やくそく》したため、出島《でじま》（長《なが》崎県《さきけん》）に限《かぎ》って貿易《ぼうえき》を認《みと》めました。

中国《ちゅうごく》や琉球《りゅうきゅう》（沖縄県《おきなわけん》）など、キリスト教国《きょうこく》でないところとも貿易《ぼうえき》は行《おこな》われました。しかし、外国《がいこく》との貿易《ぼうえき》は幕府《ばくふ》がすべて取《と》り仕切《しき》り、利益《りえき》を独占《どくせん》しました。

もの知《し》りコラム

長崎《ながさき》につくられた人工《じんこう》の島《しま》「出島《でじま》」

幕府《ばくふ》は長崎《ながさき》に出島《でじま》という島《しま》をつくり、ここでオランダとの貿易《ぼうえき》を行《おこな》いました。オランダ人《じん》は出島《でじま》に住《す》み、一般《いっぱん》の日本人《にほんじん》の出島《でじま》への出入《でい》りは禁止《きんし》されました。

◆◆◆

幕府《ばくふ》が許可《きょか》した貿易《ぼうえき》は、
1、長崎《ながさき》―オランダと中国《ちゅうごく》
2、対馬《つしま》―朝鮮《ちょうせん》
3、薩摩《さつま》―琉球《りゅうきゅう》
4、松前《まつまえ》―蝦夷《えぞ》（北海道《ほっかいどう》）

この4つの窓口《まどぐち》だけで、その他《た》の世界《せかい》とは窓《まど》を閉《と》ざしました。

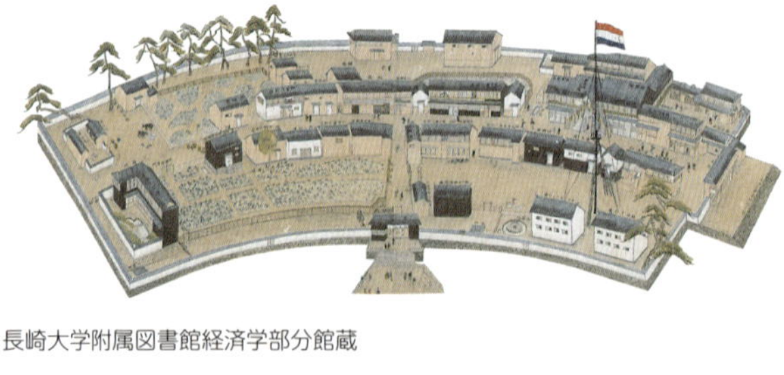

長崎大学附属図書館経済学部分館蔵

③「島原《しまばら》・天草一揆《あまくさいっき》」が起《お》こった！

幕府《ばくふ》の禁教令《きんきょうれい》により、宣教師《せんきょうし》や信者《しんじゃ》が処刑《しょけい》されたり、国外追放《こくがいついほう》されたりなどの弾圧《だんあつ》が行《おこな》われました。

1637（寛永《かんえい》14）年《ねん》、九州《きゅうしゅう》の島原《しまばら》（長崎県《ながさきけん》）と天草《あまくさ》（熊本県《くまもとけん》）で、農民《のうみん》たちが反乱《はんらん》を起《お》こしました。彼《かれ》らの多《おお》くはキリシタン（キリスト教徒《きょうと》）でした。これを「島原《しまばら》・天草一揆《あまくさいっき》」（島原《しまばら》の乱《らん》）といいます。

キリシタンへの弾圧《だんあつ》、厳《きび》しい年貢《ねんぐ》の取《と》り立《た》て、飢饉《ききん》による苦《くる》しみにより、約《やく》3万人《まんにん》もの領民《りょうみん》が立《た》ち上《あ》がったのです。しかし、幕府《ばくふ》は十数万人《じゅうすうまんにん》の兵力《へいりょく》で、一揆《いっき》勢《ぜい》を皆殺《みなごろ》しにして鎮圧《ちんあつ》しました。

「天草四郎陣中旗《あまくさしろうじんちゅうき》」
一揆勢《いっきぜい》が掲《かか》げていた旗《はた》。中央《ちゅうおう》に大聖杯《だいせいはい》、左右《さゆう》に天使《てんし》が描《か》かれている

天草市立天草キリシタン館蔵

④強《つよ》まるキリシタンへの弾圧《だんあつ》！

島原《しまばら》・天草一揆《あまくさいっき》でキリシタンの団結力《だんけつりょく》を知《し》った幕府《ばくふ》は絵踏《えぶみ》などを行《おこな》い、さらに厳《きび》しくキリスト教《きょう》を取《と》り締《し》まるようになりました。

絵踏《えぶみ》の様子《ようす》
キリスト像《ぞう》が彫《ほ》られた板《いた》（踏《ふ》み絵《え》・右上《みぎうえ》）を、役人《やくにん》の前《まえ》で踏《ふ》ませた。踏《ふ》むのをためらった者《もの》はキリシタンだと判断《はんだん》された

奈良女子大学学術情報センター蔵

江戸時代《えどじだい》のキーパーソン 7

一揆《いっき》の総大将《そうだいしょう》となった美少年《びしょうねん》

天草四郎《あまくさしろう》

★生没年《せいぼつねん》 1624？～1638年《ねん》

天草四郎《あまくさしろう》は通称《つうしょう》で、本名《ほんみょう》は益田時貞《ますだときさだ》。家族全員《かぞくぜんいん》がキリシタンで、四郎《しろう》もジェロニモ（またはフランシスコ）という洗礼名《せんれいめい》を持《も》っていた。人々《ひとびと》に慕《した》われて一揆《いっき》の総大将《そうだいしょう》になったという。戦死《せんし》した時《とき》はまだ15歳《さい》で、美少年《びしょうねん》だったと伝《つた》わる。

写真：朝日新聞社

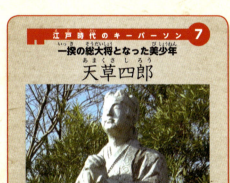

6章《しょう》
時代《じだい》を超《こ》えて飛《と》べ!!

バ
キィーン
クルッ
チッ
スタッ
ヒヒィ〜ン!!

ゴゴゴゴ
ムラマサ！ボクは本気《ほんき》で怒《おこ》ったぞ！
剣《けん》の腕《うで》はハナが上《うえ》
命《いのち》の保証《ほしょう》はせぬぞ！
ギラッ
バッ
ハアアアアア!!
べちゃっ

ずるっ
ゴチン!
ビチャッ
わっぷぷ!?
ん?
ぷ〜ん
くっさ!!
う〜ん…
これ 馬《うま》の ウンコだあ!!
バターン!
うぐぐ…… もうだめ

その頃《ころ》
幸村《ゆきむら》は……
追《お》いつめたぞ！
真田《さなだ》を
討《う》ち取《と》れーっ!!
オオオオ
くそっ！
ここまでか
……!!
退却《たいきゃく》せよ！
退《ひ》けっ！
退《ひ》け～っ!!
わしはセミでーす！
ミーンミーン！
殿《との》 真田軍《さなだぐん》が
退却《たいきゃく》しました！
わが軍《ぐん》は
持《も》ちこたえました！
へ？
はあ～
死《し》ぬかと
思《おも》ったわい
ずる～～…

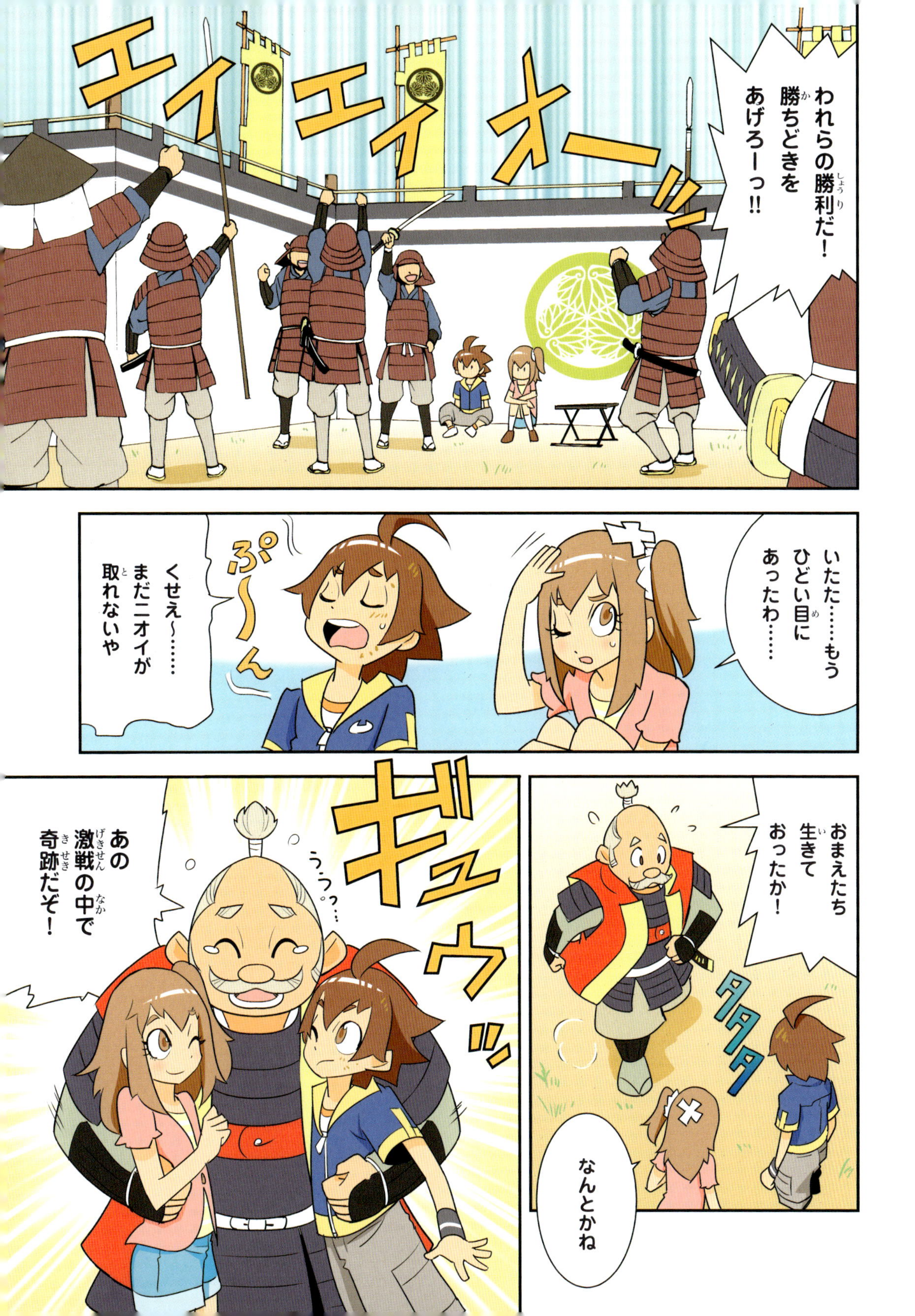
われらの勝利《しょうり》だ! 勝《か》ちどきをあげろーっ!!
エイエイオーーッ
いたた……もうひどい目《め》にあったわ……
ぷ～ん
くせえ～……まだニオイが取《と》れないや
おまえたち生《い》きておったか!
タタタ
なんとかね
ギュウッ
うっ?…
あの激戦《げきせん》の中《なか》で奇跡《きせき》だぞ!

うわ！　くさっ!!
おまえ ウンコ
もらしたな!?
ぷ〜く
もらしてねーよ！
馬《うま》のウンコだよ!!
はずかしがる
ことはない
大人《おとな》のわしでも
もらしたことが
あるからな
だから
ちがうって！
ぐぬぬ…
まあ とにかく
これでやっと戦《いくさ》のない
世《よ》がくる
ムラマサとやらも
戦《いくさ》がなければ
おとなしく
なるだろう
だといいけど
ケン ハナ
約束《やくそく》しよう
わしはもう
戦《いくさ》はせぬ
これからは
争《あらそ》いを
話《はな》し合《あ》いで
解決《かいけつ》する時代《じだい》を
つくっていくさ

がんばってね
家康《いえやす》さん
平和《へいわ》な時代《じだい》を
つくって
くれよな
イチモンジにも
伝《つた》えてくれ！
昔《むかし》の約束《やくそく》
果《は》たしたとなーっ！
もう
ウンコ
もらすなよー!!

家康様《いえやすさま》は「平和《へいわ》な時代《じだい》をつくる」っていうボクとの約束《やくそく》を覚《おぼ》えててくれたんだなあ
ばしゃばしゃ
そんな約束《やくそく》してたのね
なあ そろそろ帰《かえ》ろうぜ 着替《きが》えたいし……
やっとニオイとれた…
そうだね
じゃ ふたりとも ボクの手《て》をにぎって
ギュッ
あれ……？

ダメだ！エネルギーを使《つか》いすぎたみたい……
え？
マジで？
ボムッ
きゃ！
ムラマサ！
ひゅるる～…
ぽてっ
あ～だるい
戦《いくさ》がないんじゃこんな時代《じだい》にいても仕方《しかた》ないぜ……
最大《さいだい》パワーを使《つか》っちまったからな……
ムラマサもだるそうだな……
時間《じかん》を飛《と》べるほどのエネルギーが残《のこ》ってない……

エネルギーを回復《かいふく》する方法《ほうほう》は？
う～ん……よくわからない
こんなにパワーを使《つか》ったのは初《はじ》めてだからな
ウソだろ？帰《かえ》れねーじゃん！
ムラマサ ボクたちの力《ちから》を合《あ》わせればひょっとして……
ごろ～ん
めんどくさいわ
ここにいても仕方《しかた》ないんでしょ やってみようよ
ムクッ
……フン それほど言《い》うなら
それじゃあ いくよ！
せーの……！

コオオオ
バ
シュッ

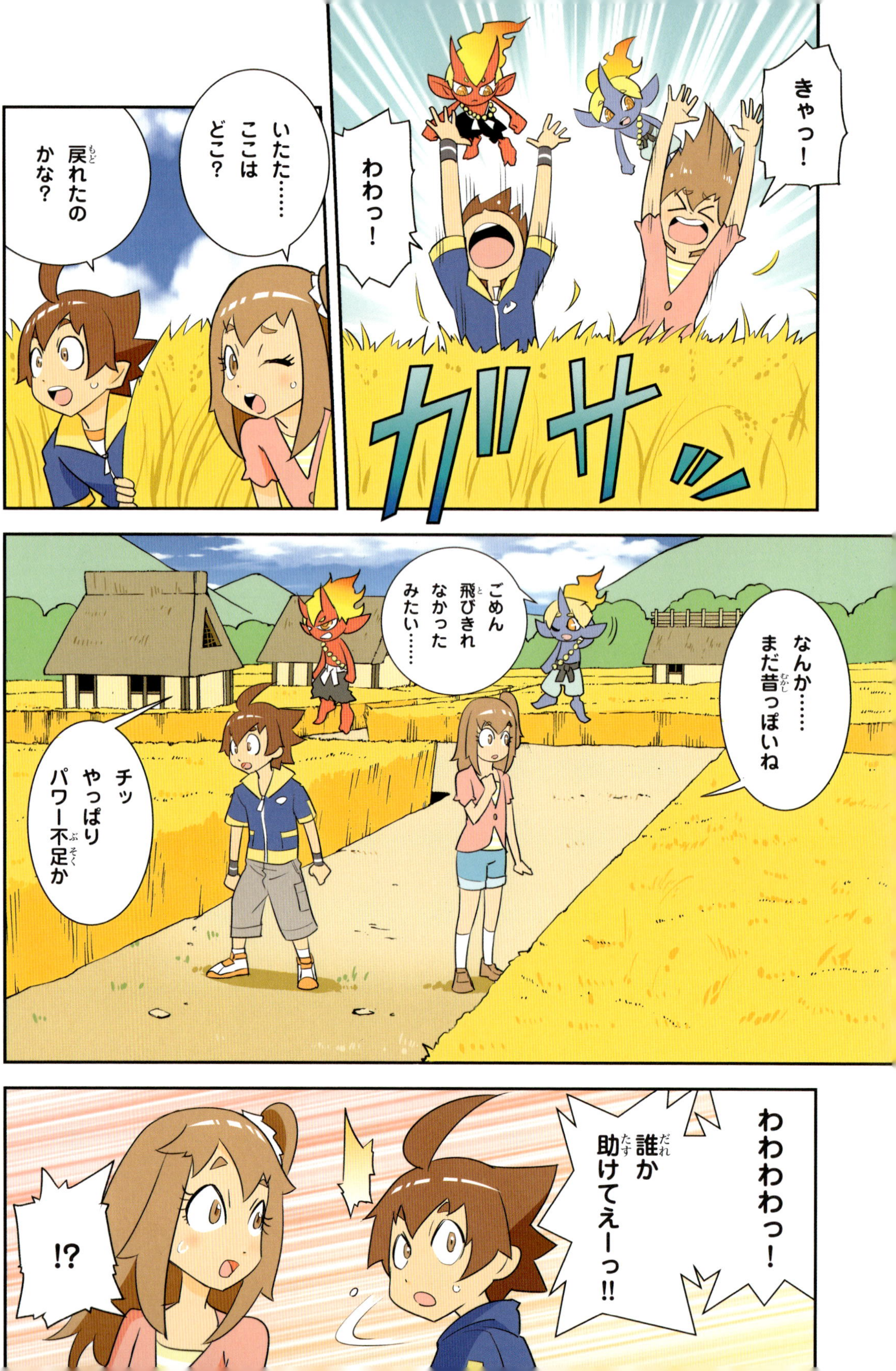
きゃっ！
わわっ！
ガサッ
いたた……ここはどこ？
戻《もど》れたのかな？
なんか……まだ昔《むかし》っぽいね
ごめん飛《と》びきれなかったみたい……
チッやっぱりパワー不足《ぶそく》か
わわわわっ！
誰《だれ》か助《たす》けてえーっ!!
!?

ワンワンワン
誰《だれ》かーっ!!
ちょっと ヤダ もーっ!
ドドドド
なんだ なんだぁ!?

晩年《ばんねん》に花開《はなひら》いた!? 徳川家康《とくがわいえやす》と真田幸村《さなだゆきむら》

① がまんの男《おとこ》・徳川家康《とくがわいえやす》

徳川家康《とくがわいえやす》が江戸幕府《えどばくふ》を開《ひら》いたのは61歳《さい》で、大坂夏《おおさかなつ》の陣《じん》で豊臣氏《とよとみし》を滅《ほろ》ぼしたのは73歳《さい》の時《とき》でした。家康《いえやす》はがまんを続《つづ》けて、自分《じぶん》の時代《じだい》を待《ま》っていたのです。

家康《いえやす》は三河国《みかわのくに》（愛知県《あいちけん》）の松平氏《まつだいらし》の出身《しゅっしん》です。松《まつ》平氏《だいらし》は小《ちい》さな勢力《せいりょく》で、家康《いえやす》は隣《となり》の国《くに》の大大名《だいだいみょう》・今川氏《いまがわし》の人質《ひとじち》に出《だ》され、駿府《すんぷ》（静岡県《しずおかけん》）で暮《く》らしました。

やがて今川氏《いまがわし》から独立《どくりつ》し、一人前《いちにんまえ》の大名《だいみょう》になった家《いえ》康《やす》は、尾張国《おわりのくに》（愛知県《あいちけん》）の戦国大名《せんごくだいみょう》・織田信長《おだのぶなが》と同《どう》盟《めい》を結《むす》びます。しかし、信長《のぶなが》との力《ちから》の差《さ》は大《おお》きく、同盟《どうめい》とはいえ、逆《さか》らうことができない関係《かんけい》でした。

その信長《のぶなが》が命《いのち》を落《お》とすと、家康《いえやす》は信長《のぶなが》の後継者《こうけいしゃ》となった豊臣秀吉《とよとみひでよし》と競《きそ》い合《あ》います。しかし、ここでも秀《ひで》吉《よし》に従《したが》うことになり、じっとがまんして力《ちから》をたくわえました。そして秀吉《ひでよし》の死後《しご》、ようやく自分《じぶん》の時代《じだい》がやってきたのです。

もの知《し》りコラム

徳川家康《とくがわいえやす》がうんちをもらした？

徳川家康《とくがわいえやす》が30歳《さい》の時《とき》、甲《か》斐国《いのくに》（山梨県《やまなしけん》）の戦国大名《せんごくだいみょう》・武田信玄《たけだしんげん》と戦《たたか》い、さんざんに打《う》ち負《ま》かされてしまいました。家康《いえやす》は命《いのち》からがら自分《じぶん》の城《しろ》に逃《に》げ帰《かえ》りましたが、恐怖《きょうふ》のあまり、うんちをもらしていたといいます。その時《とき》に描《か》かせたのがこの絵《え》で、みじめな敗北《はいぼく》をその後《ご》の教訓《きょうくん》にするためだったといわれています。

徳川家康三方ヶ原戦役画像《とくがわいえやすみかたがはらせんえきがぞう》
苦々《にがにが》しい表情《ひょうじょう》がとても印象的《いんしょうてき》

徳川美術館蔵

②ラストヒーロー・真田幸村《さなだゆきむら》

大坂夏《おおさかなつ》の陣《じん》で、徳川方《とくがわがた》の本陣《ほんじん》に切《き》り込《こ》んだ真田幸《さなだゆき》村《むら》。家康《いえやす》は死《し》を覚悟《かくご》したほどだったといいますが、結《けっ》局《きょく》、幸村《ゆきむら》は敗《やぶ》れてこの戦《たたか》いで戦死《せんし》しました。弱者《じゃくしゃ》の豊《とよ》臣氏《とみし》を助《たす》けて強者《きょうしゃ》の徳川氏《とくがわし》に刃向《はむ》かったその姿《すがた》は、戦《せん》国最後《ごくさいご》のヒーローとして人々《ひとびと》に語《かた》り継《つ》がれました。

じつは幸村《ゆきむら》という名《な》は、後《のち》の時代《じだい》の小説《しょうせつ》などで用《もち》いられたもので、本名《ほんみょう》は信繁《のぶしげ》といいます。本名《ほんみょう》より、幸《ゆき》村《むら》の名《な》のほうが有名《ゆうめい》になって人々《ひとびと》に広《ひろ》まったのです。

③あまり活躍《かつやく》していない幸村《ゆきむら》の前半生《ぜんはんせい》

大坂《おおさか》の陣《じん》での活躍《かつやく》で「日本一《ひのもといち》の兵《つわもの》」とも呼《よ》ばれた幸村《ゆきむら》ですが、それ以前《いぜん》の人生《じんせい》は、あまりぱっとしたものではありませんでした。

強《つよ》い大名《だいみょう》に人質《ひとじち》として出《だ》されたり、関ケ原《せきがはら》の戦《たたか》いの敗者《はいしゃ》として謹慎生活《きんしんせいかつ》を送《おく》ったりと、ヒーローらしい活《かっ》躍《やく》のない暮《く》らしぶりでした。

しかし、大坂《おおさか》の陣《じん》で、豊臣氏《とよとみし》から「徳川方《とくがわがた》と戦《たたか》ってほしい」と頼《たの》まれ、謹慎先《きんしんさき》の九度山《くどやま》（和歌山県《わかやまけん》）を脱出《だっしゅつ》して大坂城《おおさかじょう》に駆《か》けつけ、大活躍《だいかつやく》したのです。

江戸時代《えどじだい》のキーパーソン 8

戦国最後《せんごくさいご》のヒーロー

真田幸村《さなだゆきむら》（信繁《のぶしげ》）

★生没年《せいぼつねん》 1567～1615年《ねん》

大坂《おおさか》の陣《じん》には幸村《ゆきむら》の子《こ》・大助《だいすけ》も出陣《しゅつじん》し、幸村《ゆきむら》も大助《だいすけ》もこの戦《たたか》いで散《ち》った。しかし、幸村《ゆきむら》の兄《あに》・信幸《のぶゆき》（信之《のぶゆき》）は徳川方《とくがわがた》に属《ぞく》していたため、真田一族《さなだいちぞく》としては、滅《ほろ》びることなく家《いえ》を守《まも》ることができた。

写真：朝日新聞社

もの知《し》りコラム

家康《いえやす》を苦《くる》しめた真田親子《さなだおやこ》

真田氏《さなだし》は信濃国《しなののくに》（長野県《ながのけん》）、上野《こうずけの》国《くに》（群馬県《ぐんまけん》）を本拠地《ほんきょち》とする、徳川《とくがわ》氏《し》と比《くら》べたらとても小《ち》さな勢力《せいりょく》でした。徳川軍《とくがわぐん》は2度《ど》、真田氏《さなだし》の城《しろ》・上《うえ》田城《だじょう》を攻《せ》めましたが、幸村《ゆきむら》の父《ちち》・昌《まさ》幸《ゆき》のすぐれた戦略《せんりゃく》によって2度《ど》とも失敗《しっぱい》しています。

7章《しょう》 ここはまだ江戸時代《えどじだい》!?

パ
ッ
ウソでしょーっ！
こんな時《とき》に寝《ね》るか……!?
ガブッ
もうダメだーっ!!
しかたないわね
イチかバチか……
わあああっ
ぎゃっ！
ビリッ

ガァウ!!
ぐわっ
あっち
いけーっ!!
キャンキャン
ガサッ
チン
助《たす》かったよ
ありがと～
もう 男《おとこ》のくせに
だらしないわね
……すごいね
あのコ
ハナが
本気《ほんき》出《だ》すと
母《かあ》ちゃんの次《つぎ》に
怖《こわ》いんだぜ……

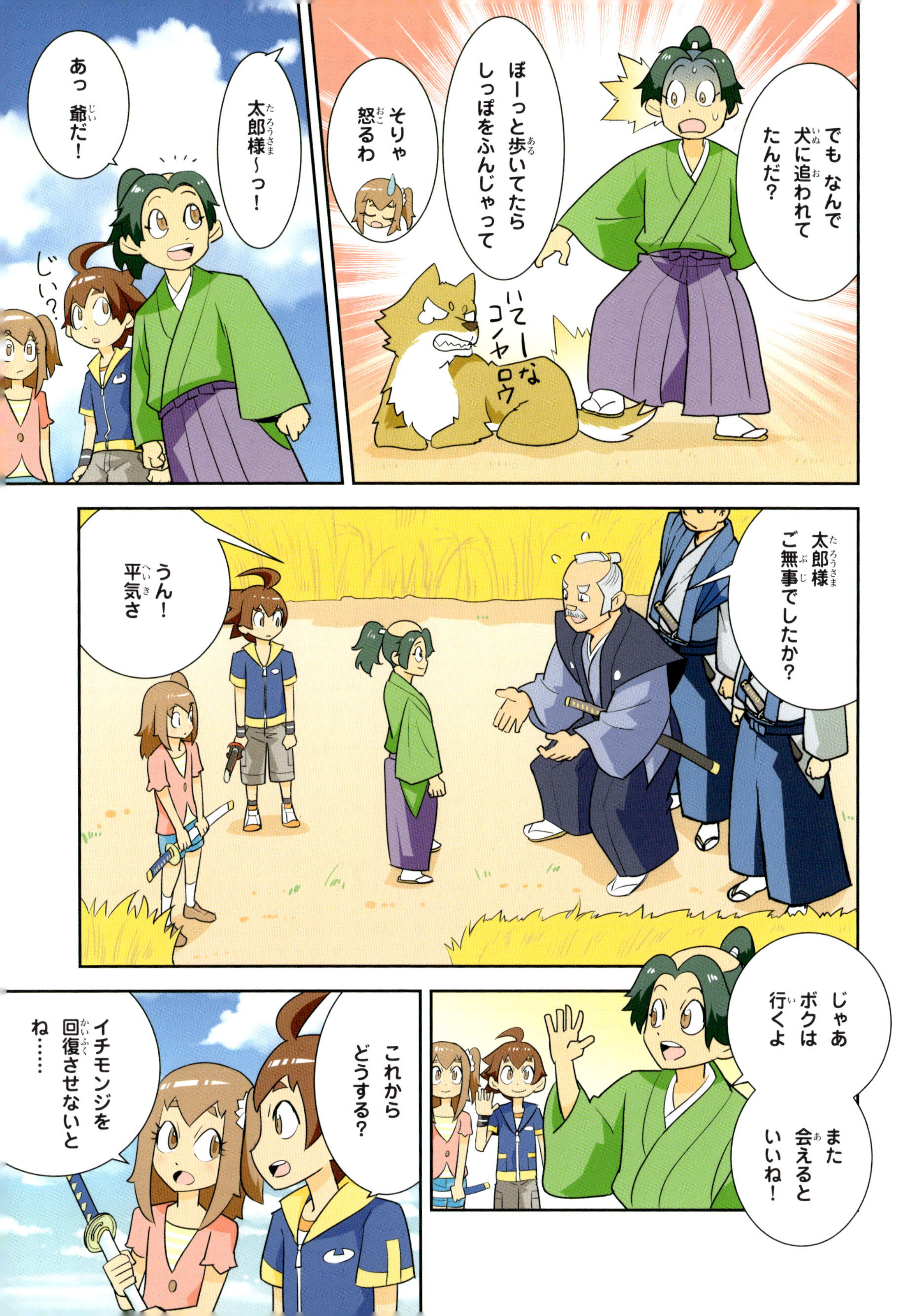
でも なんで犬《いぬ》に追《お》われてたんだ？
ぼーっと歩《ある》いてたらしっぽをふんじゃって
そりゃ怒《おこ》るわ
いてーな コノヤロウ
太郎様《たろうさま》～っ！
あっ 爺《じい》だ！
じい？
太郎様《たろうさま》ご無事《ぶじ》でしたか？
うん！平気《へいき》さ
じゃあ ボクは行《い》くよ
また会《あ》えるといいね！
これからどうする？
イチモンジを回復《かいふく》させないとね……

そーれ！つかまえろーっ!!
わっ!!
ドドドドド
え!?　何《なに》!?いきなり!!
おまえら米《こめ》ドロボウだろゆるさん!!
やだっ！はなしてっ！
誤解《ごかい》だよ！何《なに》も取《と》ってないってば！
うるさい！しばり上《あ》げろ！

どりゃ——!!
わ——っ!!
ん?
こ……この
立派《りっぱ》な刀《かたな》は
まさか……!?
ざわっ
まずいっ!!
今《いま》すぐ縄《なわ》を
ほどけっ!!
もうしわけ
ありませんでしたーっ!!
ガバッ
え?
今度《こんど》は
何《なに》?

ははーーっ
まさか お武家様《ぶけさま》だとは 思《おも》わず たいへん失礼《しつれい》しました！
なんか勘違《かんちが》い してるみたい だけど……
このまま 武士《ぶし》のふり しちゃおう！
失礼《しつれい》なのは 気《き》にしなくていい けど……
は？
おなか すいちゃった なー
では よろしければ 家《うち》で食事《しょくじ》を
うむ！ 世話《せわ》になる ぞよ
ちょっと！
大丈夫《だいじょうぶ》 なの？
へーき へーき
ハナもおなか すいただろ？

大《おお》きな田《た》んぼが広《ひろ》がってるなー!!
わたしんちのまわりはビルばっかりだもんね
びる?
あ
いやいやこっちの話《はなし》
あれは何《なに》をしてるのかしら?

バッタン
バッタン
バッタン
あれは からさおでたたいて 稲穂《いなほ》から米《こめ》のもみを 取《と》ってるんです
あれは?
唐箕《とうみ》という道具《どうぐ》で 風《かぜ》を送《おく》り 不要《ふよう》な もみがらとわらなどを 箱《はこ》の外《そと》に飛《と》ばします

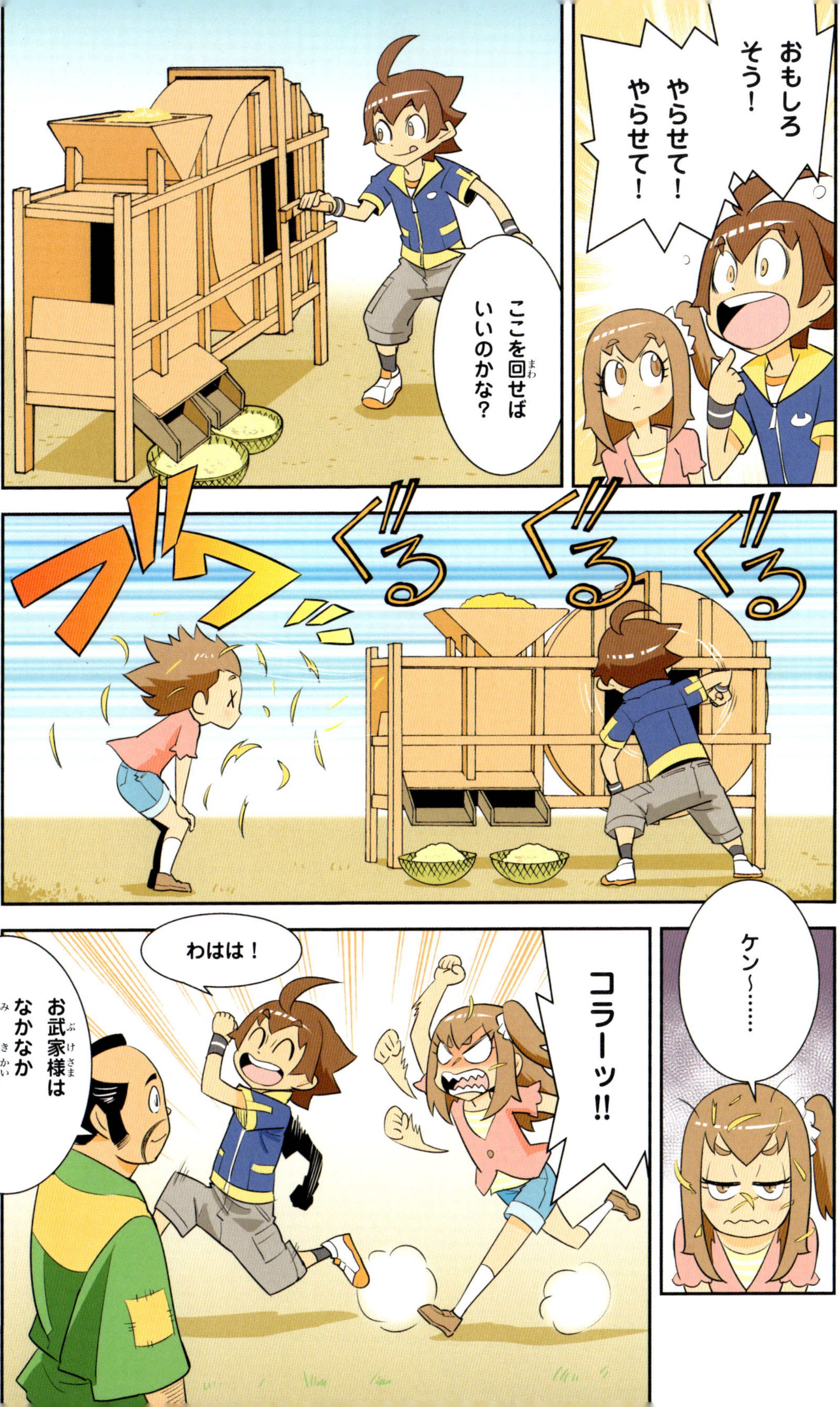

おもしろそう！
やらせて！やらせて！
ここを回《まわ》せばいいのかな？
ブワッ
ぐるぐるぐる
ケン〜……
コラーッ!!
わははは！
お武家様《ぶけさま》はなかなか見《み》る機会《きかい》がないでしょうからな

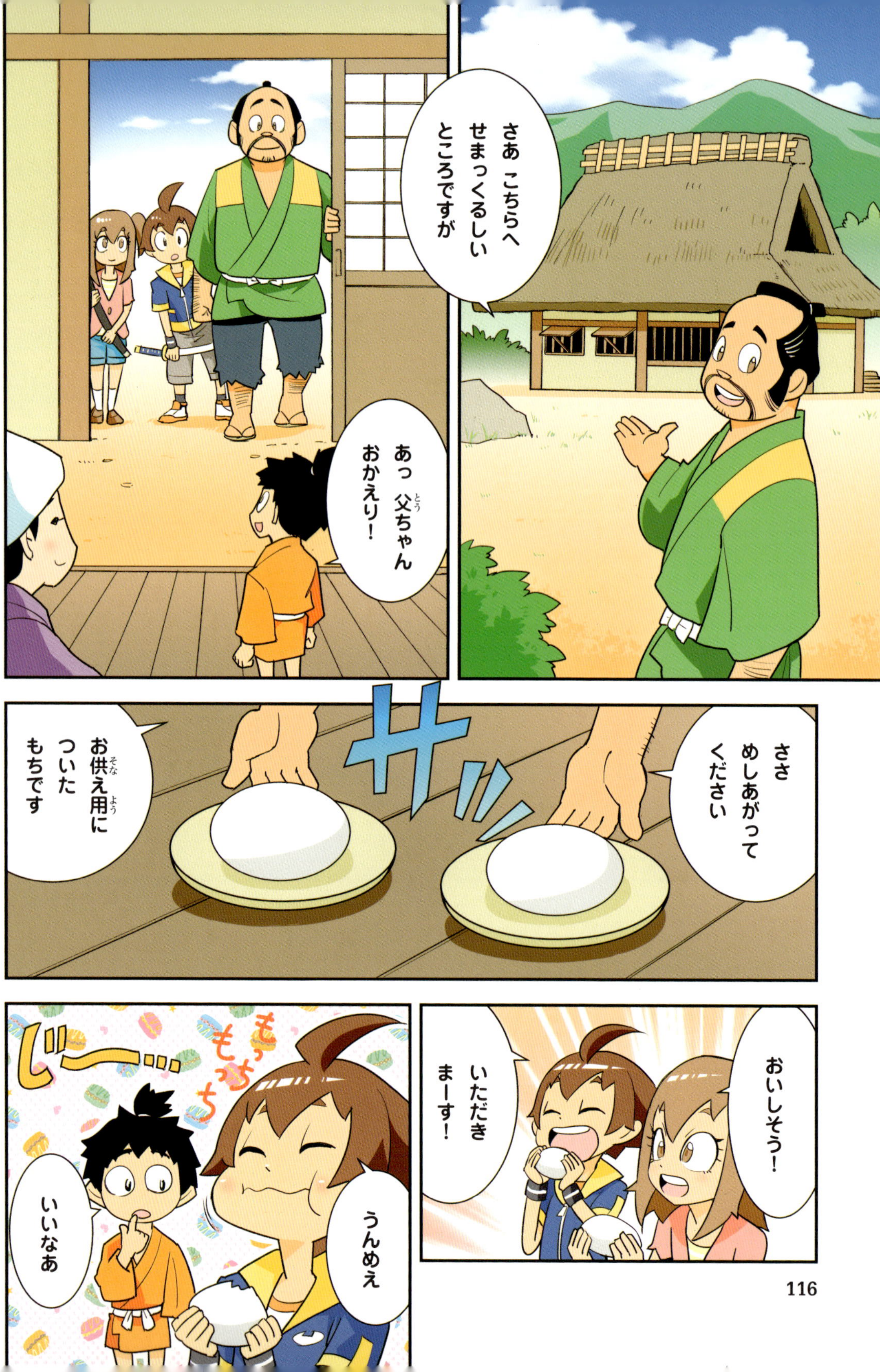
さあ こちらへ せまっくるしい ところですが
あっ 父《とう》ちゃん おかえり!
ささ めしあがって ください
サッ
お供《そな》え用《よう》に ついた もちです
おいしそう!
いただき まーす!
もっちもっち
じーー…
うんめえ
いいなあ

いいなっ
サッ
サッ
いいなっ
いいなあああ
ドドドドド
コラッ
やめんかっ！
少《すこ》しぐらい分《わ》けて
あげなさいよ！
えーっ……
はい
どうぞ
がっ
がっ
もち
もち
だーっ
うまああああああ!!
そんなに
感動《かんどう》する!?

すみません わしら農民《のうみん》はもちゃ米《こめ》なんかめったに食《く》えないもんで……
どうして?
米《こめ》は年貢《ねんぐ》として武士《ぶし》に納《おさ》めにゃいけませんので
ふーん……
じゃあ 武士《ぶし》になったらいいじゃん
ハハハ そりゃ無理《むり》だ 農民《のうみん》は死《し》ぬまで農民《のうみん》のままですわ
おい 三郎《さぶろう》! 本物《ほんもの》の米《こめ》ドロボウだ!!
急《いそ》げっ!
何《なに》っ!?
ダッ
お! そうだ!

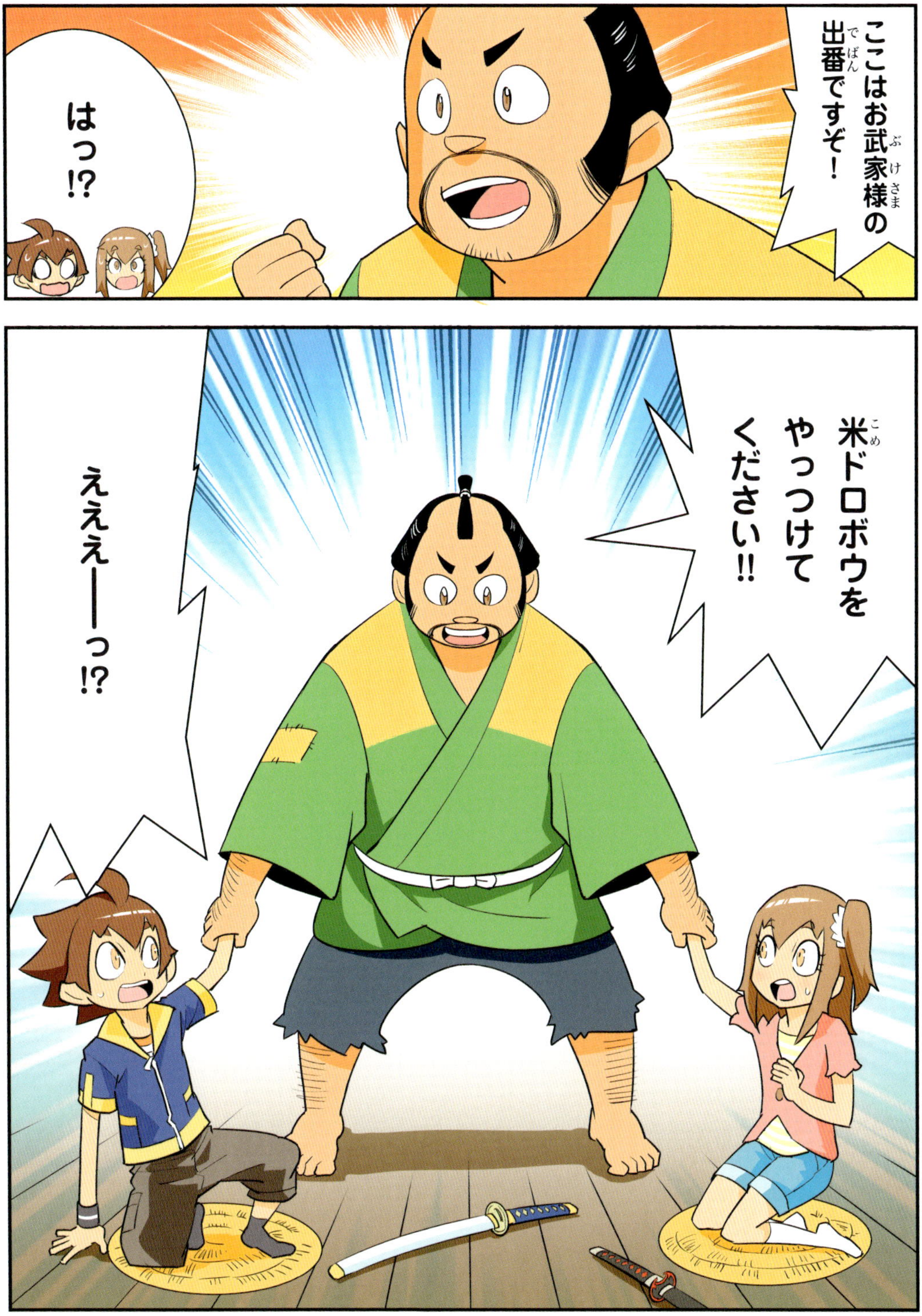
ここはお武家様《ぶけさま》の出番《でばん》ですぞ!
はっ!?
米《こめ》ドロボウをやっつけてください!!
えええーーっ!?

江戸《えど》時代《じだい》の農村《のうそん》と身分制度《みぶんせいど》

① 農具《のうぐ》や肥料《ひりょう》で米《こめ》の生産量《せいさんりょう》が上《あ》がった！

江戸《えど》時代《じだい》には、平和《へいわ》になったこともあり、農作業《のうさぎょう》を効率《こうりつ》よくすすめるために、農具《のうぐ》の改良《かいりょう》や、農具《のうぐ》の開発《かいはつ》が行《おこな》われました。油《あぶら》かすやイワシを干《ほ》した干鰯《ほしか》などの、お金《かね》で買《か》う肥料《ひりょう》も使《つか》われるようになり、米《こめ》の生産量《せいさんりょう》が上《あ》がりました。

この時代《じだい》に生《う》まれた農作業《のうさぎょう》のやり方《かた》は、昭和《しょうわ》のはじめ頃《ごろ》まで全国《ぜんこく》で見《み》られました。

② 新田開発《しんでんかいはつ》もさかんに行《おこな》われた！

江戸《えど》時代《じだい》は、さかんに池《いけ》や沼《ぬま》をうめたてたり、森《もり》や林《はやし》を切《き》り開《ひら》いたりして、田畑《たはた》を増《ふ》やしていきました。

こうして新《あたら》しくできた農地《のうち》を「新田《しんでん》」といいます。

江戸《えど》時代《じだい》に使《つか》われた農具《のうぐ》いろいろ

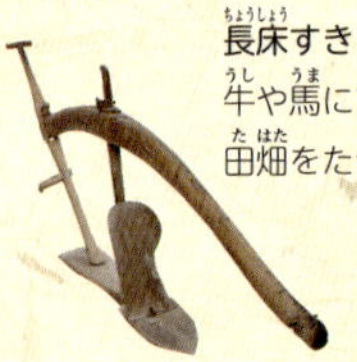

長床《ちょうしょう》すき
牛《うし》や馬《うま》にひかせて田畑《たはた》をたがやす

備中《びっちゅう》ぐわ
土《つち》を深《ふか》くたがやせる

ふみ車《ぐるま》
人《ひと》の足《あし》で水車《すいしゃ》をふんで水《みず》をくみあげる

千歯《せんば》こき
歯《は》のすきまに稲《いね》をはさんで、もみを取《と》る

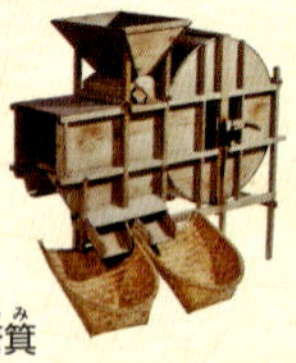

唐箕《とうみ》
不要《ふよう》なもみがらとわらなどを箱《はこ》の外《そと》に飛《と》ばす

すべて奈良県立民俗博物館蔵
「くぼたのたんぼ」ホームページより

吉田新田《よしだしんでん》の開発《かいはつ》の様子《ようす》（模型《もけい》）
吉田新田《よしだしんでん》は、現在《げんざい》の横浜市中区《よこはましなかく》伊勢佐木町《いせざきちょう》あたり。人々《ひとびと》が新田《しんでん》開発《かいはつ》のため、堤防《ていぼう》をつくっている。堤防《ていぼう》の内側《うちがわ》が埋《う》め立《た》てられて、新《あたら》しい田畑《たはた》ができる
横浜市歴史博物館蔵

③農民《のうみん》は武士《ぶし》になれなかった？

江戸《えど》時代《じだい》は支配者《しはいしゃ》の武士《ぶし》と、農民《のうみん》や町人《ちょうにん》など支配《しはい》される人《ひと》の身分《みぶん》がはっきり分《わ》かれていました。武士《ぶし》の子《こ》は武士《ぶし》で、農民《のうみん》の子《こ》は農民《のうみん》というように代々《だいだい》身分《みぶん》はうけつがれ、結婚《けっこん》も同《おな》じ身分同士《みぶんどうし》でするのがふつうでした。ただし、江戸《えど》時代後期《じだいこうき》になると、お金《かね》を出《だ》して武士《ぶし》の身分《みぶん》を手《て》に入《い》れることも不可能《ふかのう》ではなくなります。

農民《のうみん》の暮《く》らしは
祭《まつ》りなど
楽《たの》しいことも
たくさんあったよ

④武士《ぶし》がほかの人々《ひとびと》を支配《しはい》した！

江戸《えど》時代《じだい》は、人口《じんこう》の10％にも満《み》たない武士《ぶし》が、ほかの身分《みぶん》の人々《ひとびと》を支配《しはい》しました。人口《じんこう》の約《やく》80％は農村《のうそん》に住《す》む＊百姓《ひゃくしょう》です。都市《とし》に住《す》む職人《しょくにん》や商人《しょうにん》は町人《ちょうにん》と呼《よ》ばれました。武士《ぶし》の暮《く》らしを支《ささ》えたのは、百姓《ひゃくしょう》がおさめる年貢《ねんぐ》です。幕府《ばくふ》はきちんと年貢《ねんぐ》を取《と》るために、百《ひゃく》姓《しょう》の家《いえ》5戸《こ》を一組《ひとくみ》にまとめ、お互《たが》い、監視《かんし》や協力《きょうりょく》をさせるようにしました（五人組制度《ごにんぐみせいど》）。

＊百姓《ひゃくしょう》は農民《のうみん》のほか、林業《りんぎょう》や漁業《ぎょぎょう》に携《たずさ》わる人《ひと》なども含《ふく》む

もの知《し》りコラム

江戸《えど》時代《じだい》の身分制度《みぶんせいど》「士農工商《しのうこうしょう》」って？

江戸《えど》時代《じだい》には、「士《し》（武士《ぶし》）・農《のう》（百姓《ひゃくしょう》）・工《こう》（職人《しょくにん》）・商《しょう》（商人《しょうにん》）」という順《じゅん》で身分制度《みぶんせいど》があったと、教科書《きょうかしょ》などで教《おし》えられてきました。

しかし、最近《さいきん》の研究《けんきゅう》では、士《し》（武士《ぶし》）が支配層《しはいそう》なのは間《ま》違《ちが》いありませんが、農工商《のうこうしょう》の間《あいだ》に身分《みぶん》の上下《じょうげ》はなかったと指摘《してき》されています。

きびしく差別《さべつ》された人々《ひとびと》もいた

江戸《えど》時代《じだい》、身分制度《みぶんせいど》の枠《わく》の外《そと》に追《お》いやられた身分《みぶん》に、「えた」「ひにん」と呼《よ》ばれる人々《ひとびと》がいました。

この人《ひと》たちは農業《のうぎょう》のほか、革製品《かわせいひん》や竹細工《たけざいく》をつくったり、死《し》んだ動物《どうぶつ》の処理《しょり》や犯罪者《はんざいしゃ》の刑罰《けいばつ》にかかわる仕事《しごと》をしたりして、社会《しゃかい》に必要《ひつよう》な役割《やくわり》を担《にな》っていました。

8章《しょう》 大名《だいみょう》の子《こ》は昔《むかし》なじみ!?

今日《きょう》は強《つよ》い味方《みかた》を連《つ》れてきたんだ!
さあ お武家様《ぶけさま》 うんと とっちめてください!
えっと だから……
うう
なんだ おまえ!?
ジャキーン
刀《かたな》だと……!?
ズデーン!
おめ～たち 米《こめ》をぬすむたあ ゆるせねえ～
せ～ばい しちゃうぞお～

何《なに》よ それ！
テレビでこんなの見《み》たよーな……
げえ！なんで武士《ぶし》がこんなところに!?
逃《に》げろっ!!
……って効果《こうか》あったみたい
まてーーっ!!
そいつらを逃《に》がすなーっ!!
ありがとうございました
でも よくぞそんな刃《は》こぼれした刀《かたな》で……
え？
ホントだ気《き》づかなかったけどガタガタじゃん

この刀《かたな》を よみがえらせるのは たいへんでしょうな
刀《かたな》を よみがえらせる？
そうか！ それよっ！
何《なに》!?
よみがえらせるには どうしたらいいの？
研《と》ぎ直《なお》すか 打《う》ち直《なお》すか
江戸《えど》に行《い》けば いい職人《しょくにん》がいると 思《おも》いますがね
江戸《えど》……？
うーん…
何《なに》？ 何《なに》？ さっきから
よけろ～ よけろ～

すっげえ！
何《なに》あの行列《ぎょうれつ》!?
江戸《えど》に向《む》かう大名行列《だいみょうぎょうれつ》ですよ
江戸《えど》に!? 超《ちょう》ラッキー!!
江戸《えど》でイチモンジを研《と》いでもらえばエネルギーが回復《かいふく》するかも！
そうか！

ドォ
じゃあね！みんな元気《げんき》でね！
あっ 勝手《かって》に飛《と》び出《だ》したら……
！
おじさーん！江戸《えど》に連《つ》れていってくれる？
ギラッ
ひっ！

無礼者《ぶれいもの》!!
大名行列《だいみょうぎょうれつ》はよけて道《みち》を譲《ゆず》るのが決《き》まりだっ!!
やぶった者《もの》は斬《き》り捨《す》てる!!
ごめんなさ〜い!
知《し》らなかったんだよう!
ガタガタ
ブルブル
そこまで!
若様《わかさま》!
その子《こ》らをよく見《み》てごらん

＊藩《はん》＝大名《だいみょう》が治《おさ》める領地《りょうち》。ここでは、ほかの大名《だいみょう》という意味《いみ》

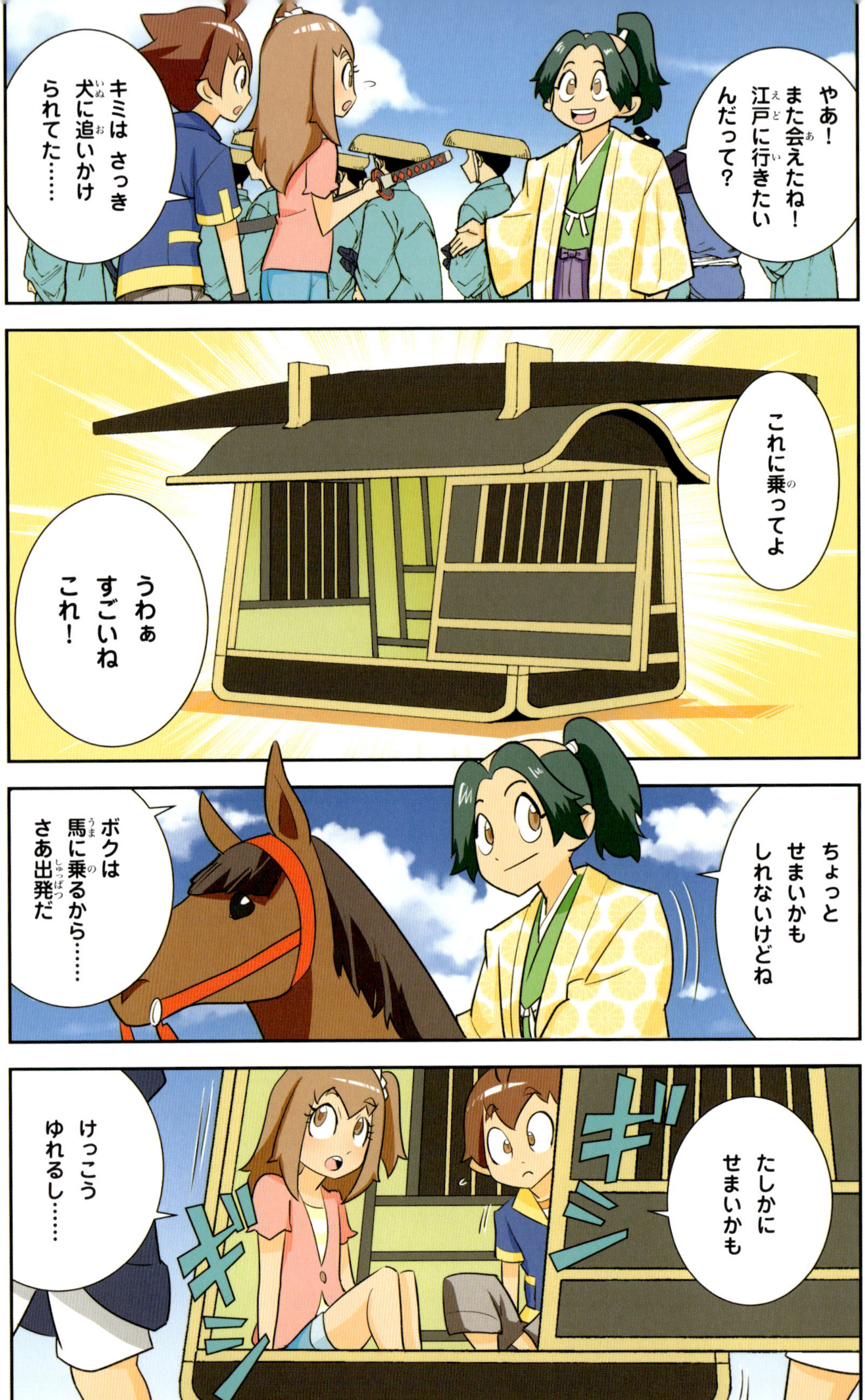

やあ！また会《あ》えたね！江戸《えど》に行《い》きたいんだって？
キミは　さっき犬《いぬ》に追《お》いかけられてた……
これに乗《の》ってよ
うわぁすごいねこれ！
ちょっとせまいかもしれないけどね
ボクは馬《うま》に乗《の》るから……さあ出発《しゅっぱつ》だ
たしかにせまいかも
ギシ
ギシ
けっこうゆれるし……

太郎《たろう》くん だったよね? えらい侍《さむらい》の 子《こ》どもなの?
こんなに たくさんの けらいが いるなんて
このあたりを 治《おさ》めている 大名《だいみょう》の子《こ》どもさ
オレは ケン わたしは ハナ
太郎《たろう》くんは 何《なに》しに 江戸《えど》に行《い》くの?
〝参勤交代《さんきんこうたい》〟って いうんだけど
全国《ぜんこく》の大名《だいみょう》は 1年《ねん》おきに 江戸《えど》に行《い》くことが 決《き》められているんだ

だから父上《ちちうえ》も1年《ねん》は江戸《えど》で暮《く》らして次《つぎ》の1年《ねん》は地元《じもと》で暮《く》らす
ボクと母上《ははうえ》はずっと江戸《えど》に住《す》まわされてるんだけどね
江戸幕府《えどばくふ》の3代将軍《だいしょうぐん》・徳川家光様《とくがわいえみつさま》が定《さだ》めた制度《せいど》さ
いえみつ？家康《いえやす》さんなら知《し》ってるけど
家光様《いえみつさま》は家康様《いえやすさま》のお孫《まご》さんだよ
今《いま》は孫《まご》の時代《じだい》みたいだ
家光《いえみつ》さんは家康《いえやす》さんに似《に》てるかな？

ケンとハナはどうして江戸《えど》に行《い》きたいの？
刀《かたな》のエネルギーを回復《かいふく》させるためだよ
えねるぎー？
後《あと》で 大人《おとな》のいないところで教《おし》えてあげる
きっと驚《おどろ》くわよ

さあ 今日《きょう》はこの宿《やど》で1泊《ぱく》だ
ガヤガヤ
ザワザワ
ボクらが泊《と》まる宿《やど》は本陣《ほんじん》といわれるよ
ワイワイ
すごいにぎわい！
そうさ何百人《なんびゃくにん》もが移動《いどう》するんだもの
大《おお》きな藩《はん》の大名《だいみょう》だと4千人《せんにん》ぐらいの行列《ぎょうれつ》になるんだって
4千人《せんにん》!?

ボクらが泊《と》まる部屋《へや》はここ
着替《きが》えを用意《ようい》したからよかったらどうぞ
ピッカー
侍《さむらい》になった気分《きぶん》だぜ！
お姫様《ひめさま》みたい
ところで刀《かたな》の話《はなし》は……
あ そうそう

おーい イチモンジ 起《お》きてる？
ポン！
う〜ん ねむい……
わっ！
す……
すごいや！
……なるほどね
刀《かたな》の力《ちから》を 回復《かいふく》させるために 江戸《えど》に職人《しょくにん》を 探《さが》しにいくのか
……そこの もう1本《ぽん》の刀《かたな》は？

あー……
あんまり出《で》てきて
ほしくないんだけど
ふわあ～
ボム
うん…
出《で》た！
フン！
出《で》てきちゃ
悪《わる》いか！
ん？
竹千代《たけちよ》!!
竹千代《たけちよ》では
ないかーーっ!!
ん？
ん!?
んーっ!?
な……なに？

参勤交代《さんきんこうたい》って何《なに》？

① 幕府《ばくふ》に反抗《はんこう》できないようにする！

参勤交代《さんきんこうたい》は、江戸幕府《えどばくふ》の3代将軍《だいしょうぐん》・徳川家光《とくがわいえみつ》が定《さだ》めた制度《せいど》で、幕府《ばくふ》が大名《だいみょう》たちをしっかり支配《しはい》し続《つづ》けるためのものでした。

各地《かくち》の大名《だいみょう》は、地元《じもと》と江戸《えど》とを1年交代《ねんこうたい》で往復《おうふく》することが義務《ぎむ》づけられ、妻《つま》と子《こ》は強制的《きょうせいてき》に江戸《えど》に住《す》まわせられました。

大名《だいみょう》は、地元《じもと》と江戸《えど》との行《い》き来《き》や江戸城《えどじょう》の改修等《かいしゅうとう》で余計《よけい》な出費《しゅっぴ》をさせられ、妻《つま》と子《こ》も幕府《ばくふ》の人質《ひとじち》に取《と》られていたため、幕府《ばくふ》に対《たい》して反抗《はんこう》できなくなっていったのです。

もの知《し》りコラム

1回《かい》の大名行列《だいみょうぎょうれつ》でどれぐらいお金《かね》がかかる？

江戸《えど》までの距離《きょり》や行列《ぎょうれつ》の規模《きぼ》によってかかるお金《かね》は異《こと》なります。

◆◆◆

加賀藩《かがはん》（石川県《いしかわけん》）では、大名行列《だいみょうぎょうれつ》は2千《せん》〜3500人《にん》の大行列《だいぎょうれつ》となり、その時《とき》にかかった金額《きんがく》は、現在《げんざい》のお金《かね》に換算《かんさん》して3億《おく》〜4億《おく》円《えん》にもなったといいます。

② 幕府繁栄《ばくふはんえい》の基礎《きそ》を築《きず》いた家光《いえみつ》！

家光《いえみつ》は参勤交代《さんきんこうたい》を定《さだ》めたほか、キリスト教《きょう》の禁止《きんし》や外国《がいこく》との国交制限《こっこうせいげん》などを行《おこな》いました（→88ページ）。初代将軍《しょだいしょうぐん》・徳川家康《とくがわいえやす》から2代《だい》・秀忠《ひでただ》を経《へ》て、3代《だい》・家光《いえみつ》の時代《じだい》に整《ととの》えられたこれらの制度《せいど》が、260年以《ねんい》上《じょう》も続《つづ》く幕府繁栄《ばくふはんえい》の基礎《きそ》となりました。

これが参勤交代《さんきんこうたい》の行列《ぎょうれつ》だ！

会津藩《あいづはん》（福島県《ふくしまけん》）の松平家《まつだいらけ》の参勤交代《さんきんこうたい》の様子《ようす》を描《か》いた図《ず》。いろんな道具《どうぐ》を持《も》って、地元《じもと》と江戸《えど》を行《い》き来《き》した。

会津若松市立会津図書館蔵

③おじいちゃんに感謝《かんしゃ》！

家光《いえみつ》には忠長《ただなが》という弟《おとうと》がいて、幼《おさな》い頃《ころ》、両親《りょうしん》は弟《おとうと》ばかりかわいがったといいます。まわりの者《もの》は忠長《ただなが》が次《つぎ》の将軍《しょうぐん》になると思《おも》っていました。家光《いえみつ》を3代将軍《だいしょうぐん》にすると決《き》めたのは、家康《いえやす》でした。

家康《いえやす》のおかげで将軍《しょうぐん》となった家光《いえみつ》は、家康《いえやす》への感謝《かんしゃ》を忘《わす》れませんでした。たいへんなお金《かね》をかけて、家《いえ》康《やす》を神《かみ》としてまつる日光東照宮《にっこうとうしょうぐう》を豪華《ごうか》につくりかえたり、家康《いえやす》の夢《ゆめ》を見《み》ると、その姿《すがた》を絵師《えし》に描《か》かせたりしました。

江戸時代《えどじだい》のキーパーソン 9

幕府《ばくふ》の体制《たいせい》を固《かた》めた

徳川家光《とくがわいえみつ》

★生没年《せいぼつねん》 1604～1651年《ねん》

家光《いえみつ》は、日光東照宮《にっこうとうしょうぐう》や江戸城《えどじょう》の改築《かいちく》、自分《じぶん》のお披露目《ひろめ》の旅《たび》などで、幕府《ばくふ》のお金《かね》を使《つか》いまくったが、財政《ざいせい》はびくともしなかった。家光《いえみつ》の墓所《ぼしょ》は、祖父《そふ》・家康《いえやす》が眠《ねむ》る日光東照宮《にっこうとうしょうぐう》のすぐそばにある。

東京大学史料編纂所所蔵摸写

9章《しょう》 刀《かたな》の職人《しょくにん》はどこに!?

人《ひと》ちがいか!!
まぎらわしい!!
か 勘《かん》ちがい
させるなっ
ケッ!!
ボム!
はずかし
かったんだな
なんか 感《かん》じ
悪《わる》いよね……
そう
なんだよ
わたしたちも
困《こま》ってるの
竹千代《たけちよ》……

ムラマサ〜！今日《きょう》もお稽古《けいこ》しようよー
おっ やるか？
でも 体《からだ》が弱《よわ》いんだからムリはするんじゃないぞ
大丈夫《だいじょうぶ》さ！
えいっ！ やあっ！
ビュッ
ビュッ
いいぞ 竹千代《たけちよ》！だいぶ腕《うで》が上《あ》がったな！
ねえ ムラマサ ボクは大《おお》きくなったら日本一《にほんいち》の侍《さむらい》になりたいんだ！
日本一《にほんいち》の侍《さむらい》か

よし 竹千代《たけちよ》の夢《ゆめ》が
かなうように
オレも手伝《てつだ》うぞ！
ホント!?
きっとだよ
ムラマサ！
約束《やくそく》だよっ
ゆーびきーり
げーんまーん……
オレは
大将首《たいしょうくび》をたくさん
取《と》れる強《つよ》い刀《かたな》になる
約束《やくそく》だからな
数日後《すうじつご》

ケン！ハナ！江戸《えど》に着《つ》いたよ！
わ！
ザワザワ
ここが江戸《えど》かぁ〜!!
お城《しろ》も見《み》えるわ！
江戸城《えどじょう》だよ！ボクの屋敷《やしき》もあの近《ちか》くさ

ここがボクの屋敷《やしき》！ちょっと上《あ》がっていきなよ
りっぱなお屋敷《やしき》ね！
さすが大名《だいみょう》の家《いえ》って感《かん》じだな！
さて……これから刀《かたな》研《と》ぎの職人《しょくにん》探《さが》しか
どこにいるんだろうね？
日本橋《にほんばし》の近《ちか》くにすご腕《うで》の職人《しょくにん》がいるって聞《き》いたよ
ここから歩《ある》いてすぐみたい
ボム！
あっ！

オレも探《さが》すのを
手伝《てつだ》ってやろうか！
え～……
イチモンジ
ならいいけど
ムラマサじゃ……
安心《あんしん》しろ
オレも早《はや》く
帰《かえ》りたいんだ
ギクッ
じー…
そんなこと言《い》って
パワーが回復《かいふく》したら
また戦場《せんじょう》に飛《と》ぶ気《き》だろ？
ちぇっ！
せっかく探《さが》して
やろうと思《おも》ったのに！
勝手《かって》にしろっ‼
ボムッ
ホントに
あぶなっかしい
んだから
やれやれ……

じゃあ ふたりとも
元気《げんき》でね！
おう！ すごく
楽《たの》しかったぜ！
ガシッ
太郎《たろう》くん
いろいろ
ありがとね

……ってことで
日本橋《にほんばし》に着《つ》いたけど
人多《ひとおお》すぎ!!
ガヤガヤ
江戸《えど》の町《まち》って
すごいのね～！
ワイワイ

この辺《へん》かな?
誰《だれ》かに聞《き》いてみようか
あの～このあたりに刀《かたな》を研《と》いでくれる店《みせ》ってありますか?
刀研《かたなと》ぎ?
ああ それならあそこかな
このあたりじゃ一番《いちばん》の腕《うで》だよ
ありがとう!
とぎ

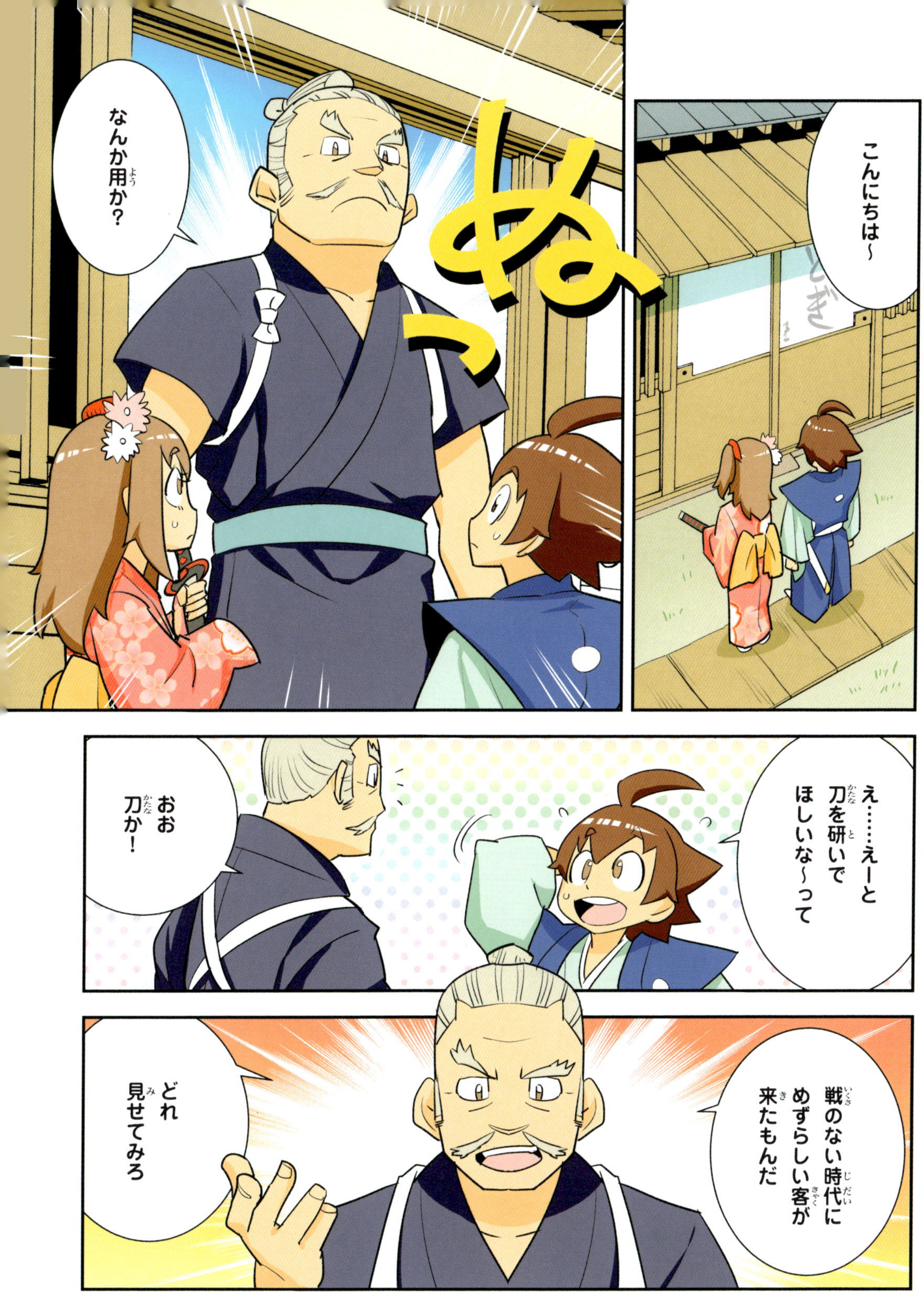
こんにちは～
ぬっ
なんか用《よう》か？
え……えーと 刀《かたな》を研《と》いで ほしいな～って
おお 刀《かたな》か！
戦《いくさ》のない時代《じだい》に めずらしい客《きゃく》が 来《き》たもんだ
どれ 見《み》せてみろ

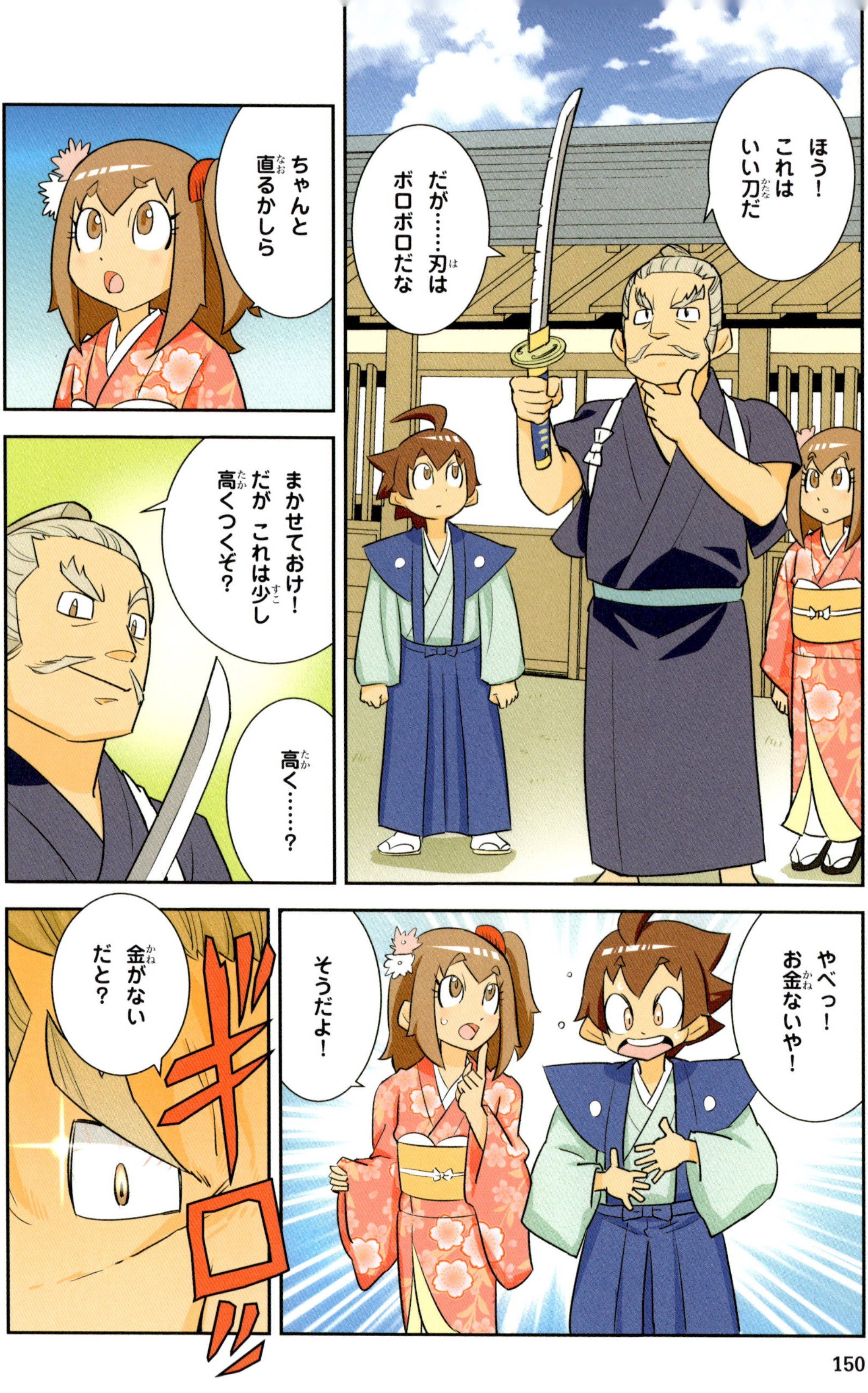

ほう！これはいい刀《かたな》だ
だが……刃《は》はボロボロだな
ちゃんと直《なお》るかしら
まかせておけ！だが これは少《すこ》し高《たか》くつくぞ？
高《たか》く……？
やべっ！お金《かね》ないや！
そうだよ！
金《かね》がないだと？
ギロッ

出直《でなお》してこーい!!
ぐっ
ビクッ
ひゃ!!
わっ
……と言《い》いたいところだがいい刀《かたな》を見《み》て血《ち》がさわいだわ
今日《きょう》はただで研《と》いでやる
ホント!?
うわあありがとう!!
これでもワシは昔《むかし》は剣豪《けんごう》だったのだ
剣《けん》の腕《うで》で出世《しゅっせ》したいと思《おも》っていたが戦《いくさ》がなくなり必要《ひつよう》とされなくなった
そして今《いま》は包丁《ほうちょう》なんかを研《と》いでいる
きええええ

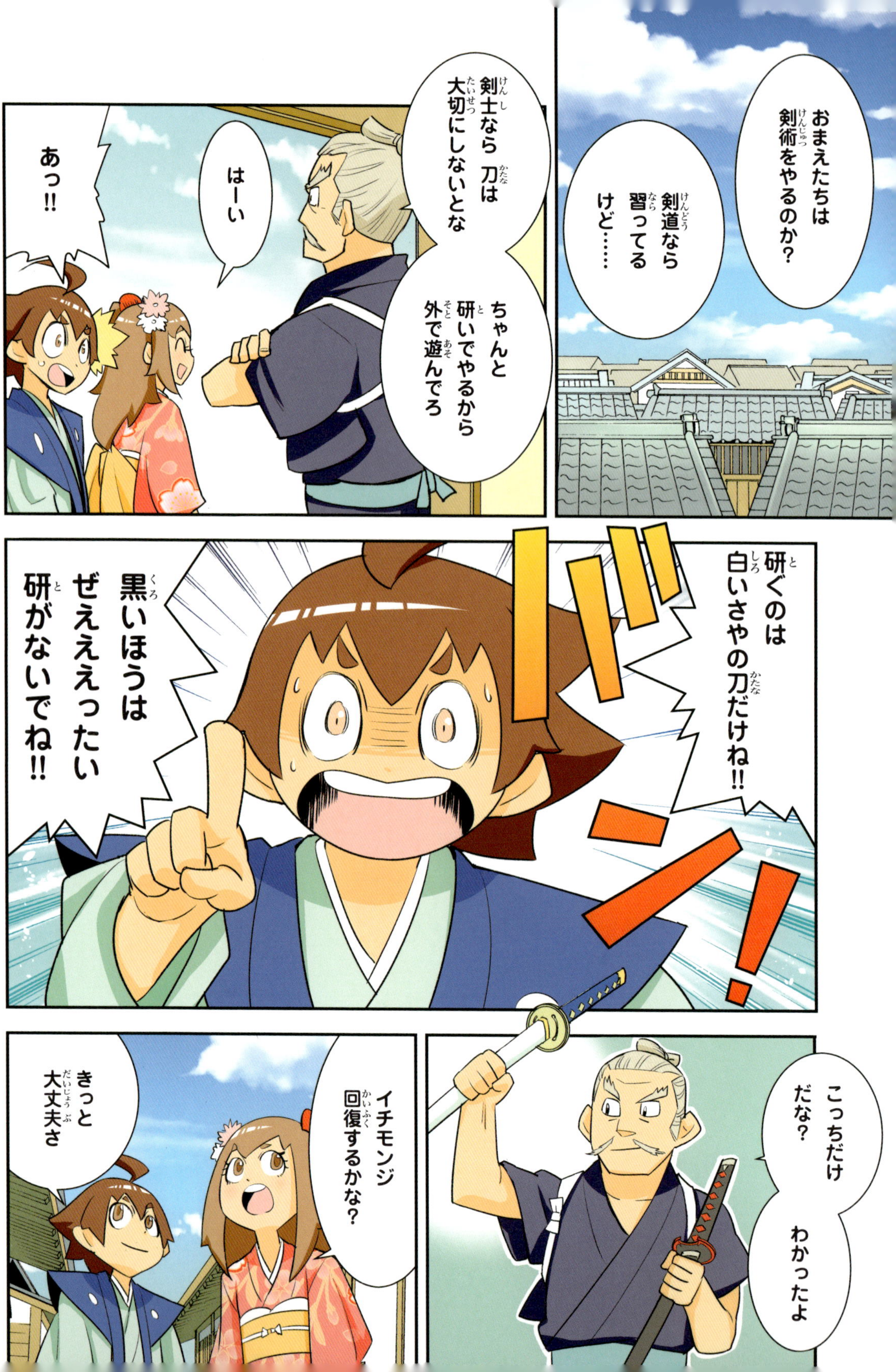
おまえたちは剣術《けんじゅつ》をやるのか?
剣道《けんどう》なら習《なら》ってるけど……
剣士《けんし》なら刀《かたな》は大切《たいせつ》にしないとな
ちゃんと研《と》いでやるから外《そと》で遊《あそ》んでろ
はーい
あっ!!
研《と》ぐのは白《しろ》いさやの刀《かたな》だけね!!
ドーン!
黒《くろ》いほうはぜえええったい研《と》がないでね!!
こっちだけだな?
わかったよ
イチモンジ回復《かいふく》するかな?
きっと大丈夫《だいじょうぶ》さ

よし……!
おーい 終《お》わったぞ
ピカー
ホレ 2本《ほん》とも ピッカピカだ!
ええっ!! ムラマサも 研《と》いじゃったの!?
研《と》いでたら 楽《たの》しくなってきて つい……
てへっ
オーマイガーーッ!!

江戸《えど》、大坂《おおさか》、京都《きょうと》の「三都《さんと》」が繁栄《はんえい》

①江戸《えど》は「将軍様《しょうぐんさま》のおひざ元《もと》」

平和《へいわ》な江戸時代《えどじだい》には、都市《とし》も大《おお》きく発展《はってん》しました。とくに、江戸《えど》、大坂《おおさか》、京都《きょうと》の3つの都市《とし》は「三都《さんと》」と呼《よ》ばれ、多《おお》くの人々《ひとびと》が集《あつ》まりました。

三都《さんと》はそれぞれに特徴《とくちょう》がありました。将軍《しょうぐん》の住《す》む江《え》戸城《どじょう》がある江戸《えど》は、「将軍様《しょうぐんさま》のおひざ元《もと》」と呼《よ》ばれ、各藩《かくはん》の大名屋敷《だいみょうやしき》があり、多《おお》くの武士《ぶし》が住《す》む政治《せいじ》の町《まち》でした。また、武士《ぶし》の生活《せいかつ》を支《ささ》えるためにさまざまな職業《しょくぎょう》の人々《ひとびと》が集《あつ》まって住《す》んでいました。

江戸《えど》は、18世紀《せいき》の初《はじ》めには、人口《じんこう》が約《やく》100万《まん》となり、世界《せかい》でもトップクラスの大都《だいと》市《し》に成長《せいちょう》しました。

江戸時代初期《えどじだいしょき》の江戸《えど》・日本橋《にほんばし》の町人地《ちょうにんち》（模型《もけい》）　江戸東京博物館蔵

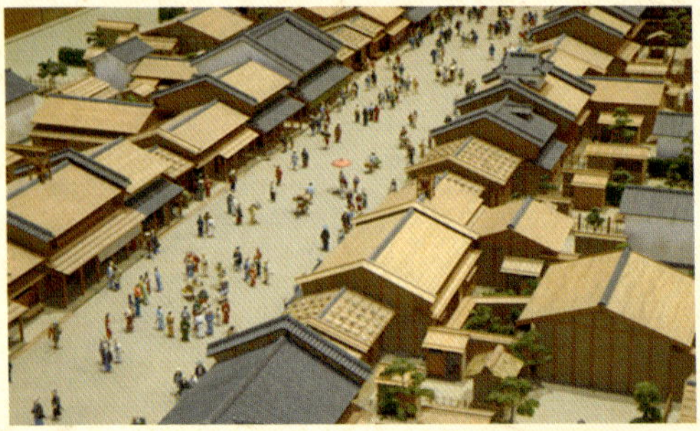

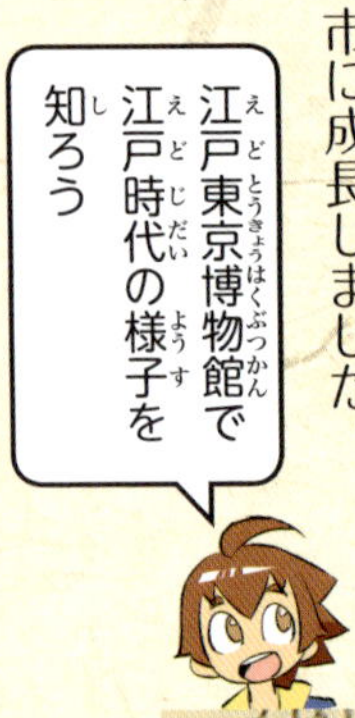

②大坂《おおさか》は「天下《てんか》の台所《だいどころ》」

江戸《えど》が政治《せいじ》の町《まち》だったのに対《たい》して、大坂《おおさか》は商人《しょうにん》の町《まち》で、「天下《てんか》の台《だい》所《どころ》」と呼《よ》ばれました。

各地《かくち》からさまざまなものが集《あつ》まり、商人《しょうにん》たちがそれを売《う》り買《か》いして、江戸《えど》をはじめとする各地《かくち》に運《はこ》んでいきました。

川沿《かわぞ》いに立《た》ち並《なら》ぶ蔵《くら》
「菱垣新綿番船川口出帆之図《ひがきしんめんばんせんかわぐちしゅっぱんのず》」（部分《ぶぶん》）
大坂《おおさか》には各藩《かくはん》の蔵屋敷《くらやしき》が置《お》かれ、年貢米《ねんぐまい》などをここに集《あつ》めて売《う》りさばき、現金《げんきん》を手《て》に入《い》れた
大阪市立中央図書館蔵

③京都《きょうと》は伝統《でんとう》と工芸《こうげい》の町《まち》

古《ふる》くから日本《にほん》の都《みやこ》として発展《はってん》していた京都《きょうと》には、歴《れき》史《し》のある神社《じんじゃ》や寺院《じいん》が多《おお》く集《あつ》まっていました。また、西陣織《にしじんおり》などのすばらしい工芸品《こうげいひん》もつくりだされ、商人《しょうにん》を通《とお》して、幕府《ばくふ》や大名《だいみょう》、裕福《ゆうふく》な商人《しょうにん》などの手《て》に渡《わた》りました。

現在《げんざい》の西陣《にしじん》の町並《まちな》み　写真：朝日新聞社

これら三都《さんと》のほか、仙台藩《せんだいはん》の仙台《せんだい》、加賀藩《かがはん》の金沢《かなざわ》や、長州藩《ちょうしゅうはん》の萩《はぎ》、薩摩藩《さつまはん》の鹿児島《かごしま》など、各藩《かくはん》の城下町《じょうかまち》も栄《さか》え、商人《しょうにん》や町人《ちょうにん》などでにぎわいました。また、参《さん》勤交代《きんこうたい》で多《おお》くの人々《ひとびと》が行《い》き交《か》うため、街道沿《かいどうぞ》いの宿場《しゅくば》町《まち》も発展《はってん》しました。

もの知《し》りコラム

大坂《おおさか》から江戸《えど》に荷物《にもつ》を運《はこ》んだ 菱垣廻船《ひがきかいせん》

今《いま》のように電車《でんしゃ》やトラックがない江戸時代《えどじだい》、たくさんの荷物《にもつ》を運《はこ》ぶために使《つか》われたのは船《ふね》でした。

◆◆◆

江戸時代前期《えどじだいぜんき》に大坂《おおさか》と江戸《えど》を結《むす》んでいたのは、菱垣廻船《ひがきかいせん》と呼《よ》ばれる船《ふね》です。江戸《えど》で使《つか》われる木綿《もめん》や油《あぶら》、酒《さけ》などの日《にち》用品《ようひん》のほか、幕府《ばくふ》や各藩《かくはん》の荷物《にもつ》も運《はこ》びました。

菱垣廻船《ひがきかいせん》（模型《もけい》）
荷物《にもつ》が落《お》ちないよう、左右《さゆう》の船《ふな》べりにひし形模様《がたもよう》に組《く》まれたさくがあったのでこの名《な》がついた
江戸東京博物館蔵

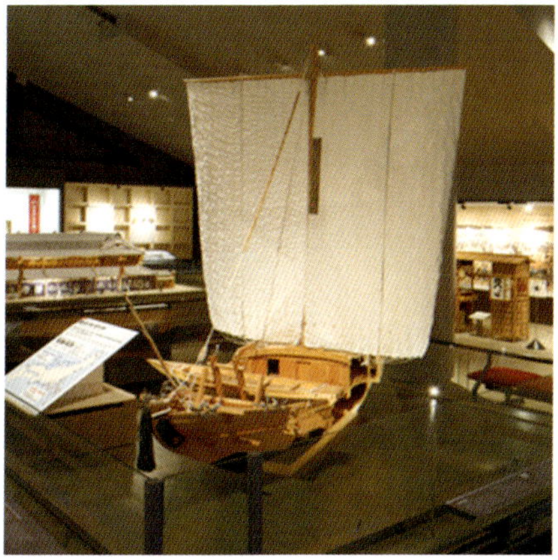

●江戸東京博物館　TEL:03-3626-9974（代表）　休館日：毎週月曜日（月曜日が祝日または振替休日の場合はその翌日）、年末年始　開館時間：9：30～17：30（土曜日は9：30～19：30）

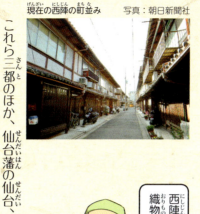

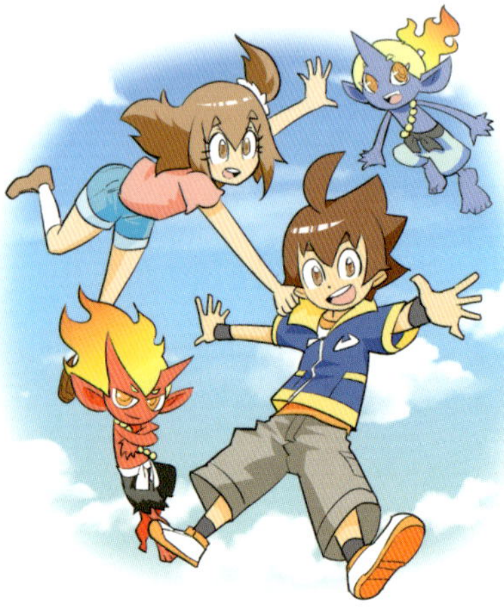

10章《しょう》
3代将軍《だいしょうぐん》・
徳川家光《とくがわいえみつ》!!

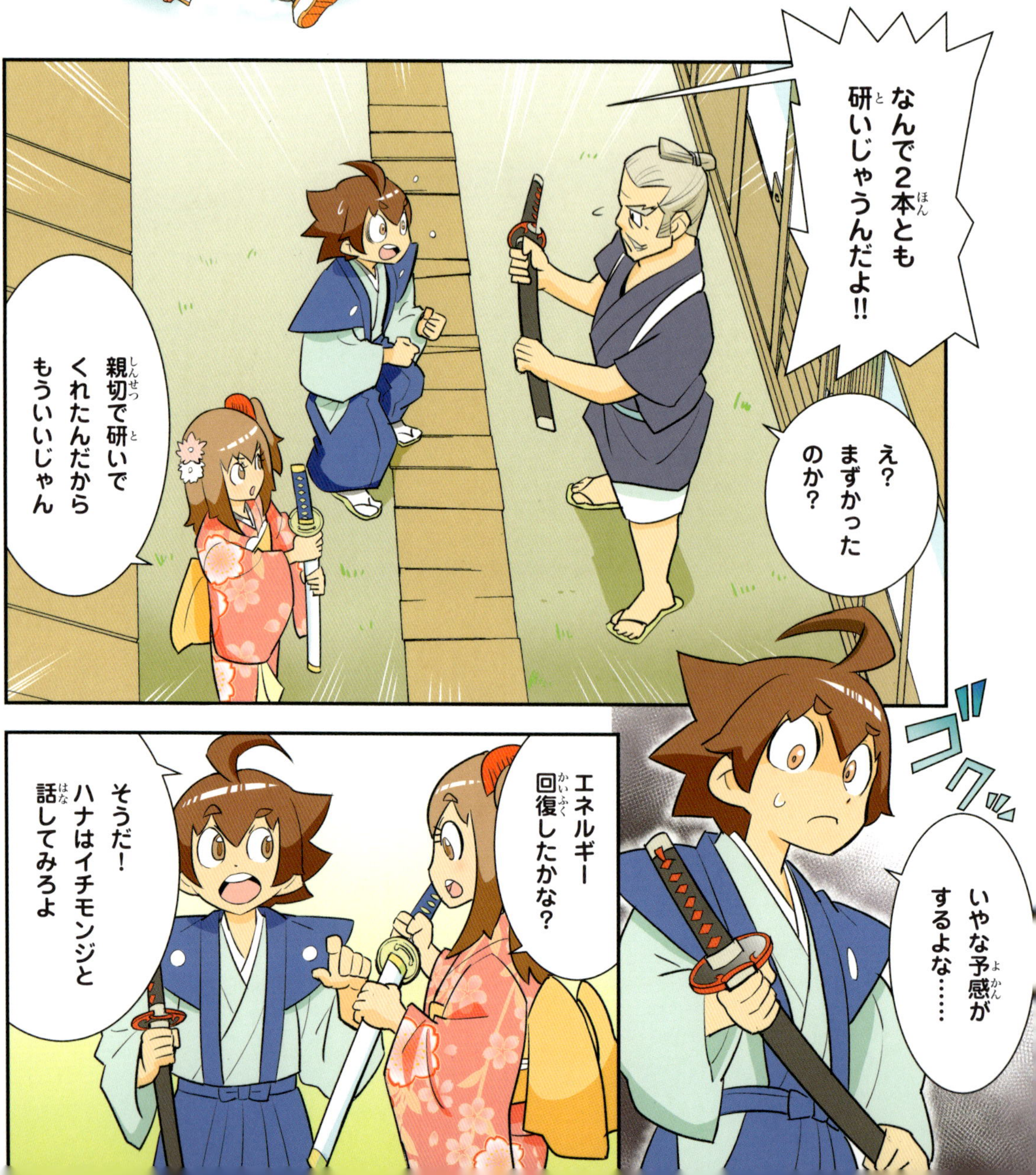

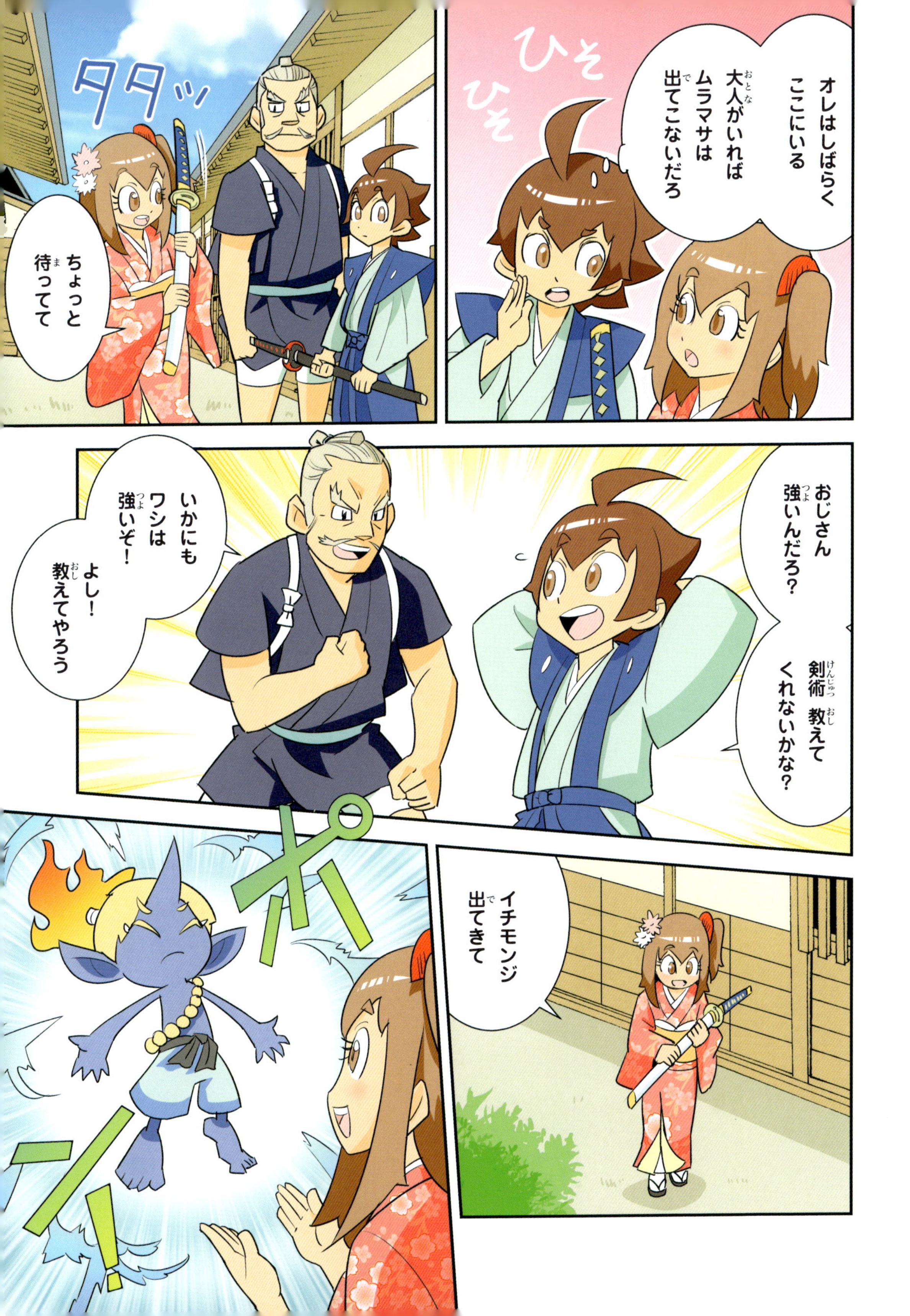
ひそ ひそ
オレはしばらくここにいる 大人《おとな》がいればムラマサは出《で》てこないだろ
タタッ
ちょっと待《ま》ってて
おじさん強《つよ》いんだろ?
剣術《けんじゅつ》教《おし》えてくれないかな?
いかにもワシは強《つよ》いぞ!
よし! 教《おし》えてやろう
イチモンジ出《で》てきて
ポンッ!

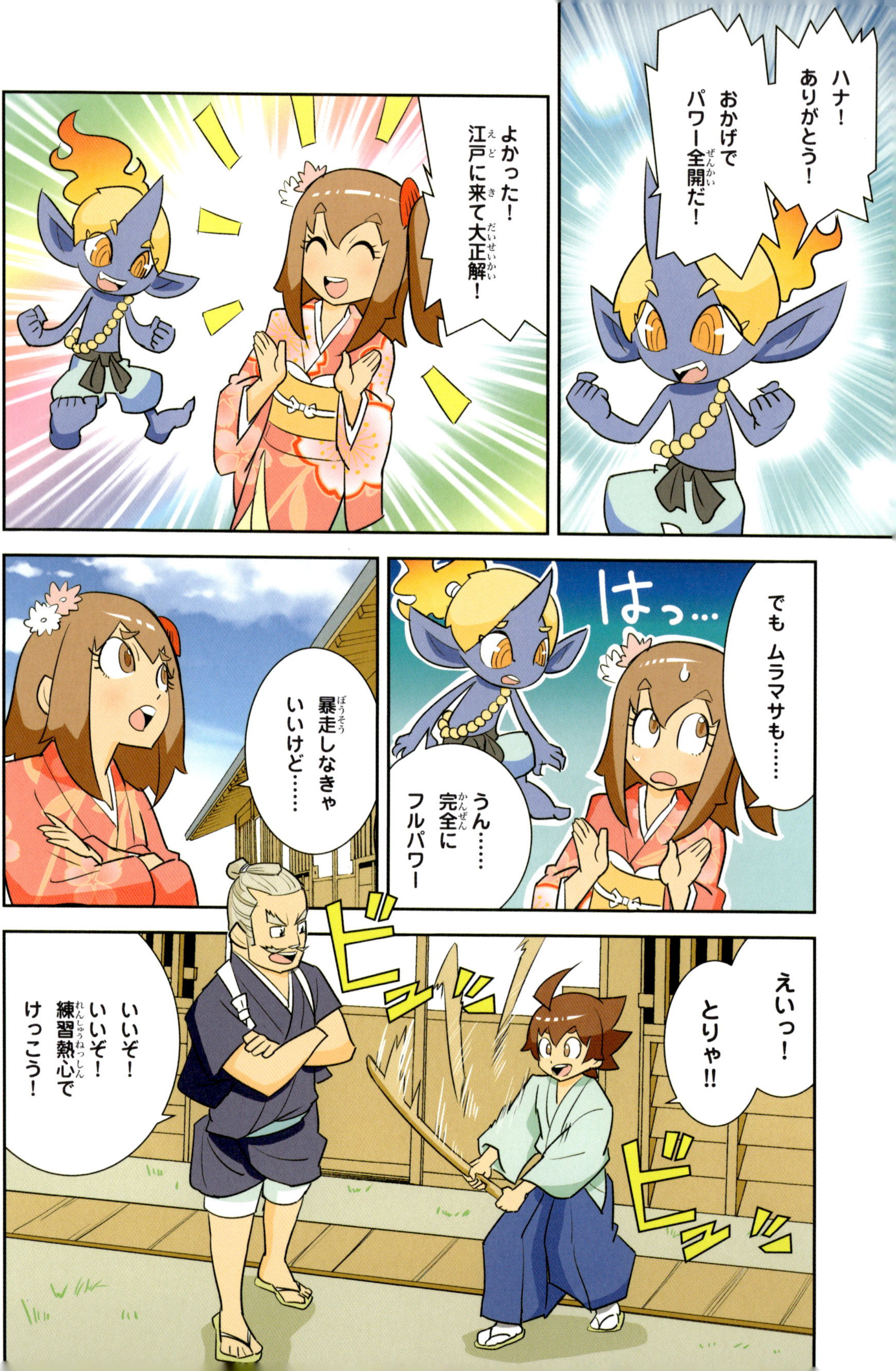

ハナ！
ありがとう！
おかげで
パワー全開《ぜんかい》だ！
よかった！
江戸《えど》に来《き》て大正解《だいせいかい》！
でも ムラマサも……
はっ…
うん……
完全《かんぜん》に
フルパワー
暴走《ぼうそう》しなきゃ
いいけど……
えいっ！
とりゃ!!
ビュッ
ビュッ
いいぞ！
いいぞ！
練習熱心《れんしゅうねっしん》で
けっこう！

よし！　では大技《おおわざ》を教《おし》えよう
一瞬《いっしゅん》で敵《てき》に勝《か》つカッコイイ技《わざ》だ！
マジで!?　教《おし》えて！　教《おし》えて！
バーン!!
まずはこう構《かま》えて……
ワクワク
一気《いっき》にふみ出《だ》す!!
どりゃーっ
びったん
ずるっ!

何《なに》してんだよ
オッサン!!
……って
気絶《きぜつ》してるし
ぷしゅ～…
また
ウンコかよ
犬《いぬ》のウンコで
すべったのか
や……
やばい……
ゴゴゴゴ
ドド
ふっかーっ!!
でっ……
出《で》た～っ!!

おかげでフルパワーだ
いくぞケン!!
ギュン!
いいかげんにしろーっ!!
オレはひらめいたぞ
戦《いくさ》がないなら起《お》こせばいいのだ!
なんだって!?
というわけで最大《さいだい》パワーッ!!
バババ
わーっ!!
ムラマサが飛《と》んだ気配《けはい》!!
追《お》おうイチモンジ!!
はっ

江戸城《えどじょう》
!?
何者《なにもの》だ!?
きさまが将軍《しょうぐん》か!
どこでもいい今《いま》すぐ戦《いくさ》を起《お》こせっ!!
な……なんだと!?
3代将軍《だいしょうぐん》
徳川家光《とくがわいえみつ》

いきなり現《あらわ》れて
何《なに》を言《い》うかと
思《おも》えば……
ガシッ
無礼者《ぶれいもの》め!!
たたき斬《き》って
くれる!!
……ん?
その刀《かたな》
まさか……
おまえ
ムラマサか!?
何《なに》!?
なぜ
オレの名《な》を
知《し》っている?

オレだ！ムラマサ
竹千代《たけちよ》だっ！
竹千代《たけちよ》……
じわ…
会《あ》いたかったぞ
竹千代《たけちよ》ーっ!!
ムラマサ!!
うおおおお

今《いま》は家光《いえみつ》という名《な》なのか……
将軍《しょうぐん》になったんだな
ああ日本一《にほんいち》の侍《さむらい》になった
オレはおまえとの約束《やくそく》をはたそうと必死《ひっし》に……
覚《おぼ》えているぞ
だがもういいんだ願《ねが》いはかなった
……そうか
戦《いくさ》で大将首《たいしょうくび》を取《と》ってくるつもりだったんだがな
大将首《たいしょうくび》?なんだそりゃ
日本一《にほんいち》の侍《さむらい》になるためには大将首《たいしょうくび》を取《と》って出世《しゅっせ》せねばならんだろう

オレは 体《からだ》をきたえて日本一《にほんいち》の侍《さむらい》になるって言《い》っただけだぞ
将軍《しょうぐん》の跡取《あとと》りだから出世《しゅっせ》なんか関係《かんけい》ないし
ガーン!!
何《なに》イーーーッ!?
オ……オレの苦労《くろう》は……
くらくら
勘《かん》ちがいしてたのか
こてっ
ケン 大丈夫《だいじょうぶ》!?
ポン
あれ? ムラマサは?
ショックで刀《かたな》に戻《もど》っちゃった

オレの祖父《そふ》……家康公《いえやすこう》の時代《じだい》なら侍《さむらい》は戦《いくさ》で活躍《かつやく》して出世《しゅっせ》できたんだろうが
今《いま》は徳川《とくがわ》にはむかう者《もの》もおらず戦《いくさ》など起《お》こらない
オレは平和《へいわ》な時代《じだい》に生《う》まれた
生《う》まれながらの将軍《しょうぐん》だ
祖父《そふ》から受《う》けついだ平和《へいわ》な世《よ》を守《まも》っていくのが使命《しめい》なのだ
家康《いえやす》さんの思《おも》いはちゃんと伝《つた》わってるみたいね
うん

ムラマサ……おまえの思《おも》いうれしかったぞ
だがこれからは戦《いくさ》ではなく平和《へいわ》のための刀《かたな》になれ
この家光《いえみつ》の……いや竹千代《たけちよ》の願《ねが》いは人《ひと》を斬《き》ることではなく人《ひと》を守《まも》ることなのだから
ムラマサにも聞《き》こえているよね
ああ
ケン！ ハナ！ 達者《たっしゃ》でな！
家光《いえみつ》さんも元気《げんき》でね!!
オオオ

ポン!
それじゃあ帰《かえ》ろうか
うん!
石《いし》川《かわ》骨《こっ》董《とう》店《てん》
カッ!
やっと帰《かえ》ってきた〜!
だーっ
たいへんだったけどすっごく楽《たの》しかったね!
ふたりとも! またボクと遊《あそ》んでね!

ボム
あっ ムラマサ!
オ……オレも…… もう戦場《せんじょう》に飛《と》んだりしないから
これからも遊《あそ》んでくれるか?
うん!
いっぱい遊《あそ》ぼう!

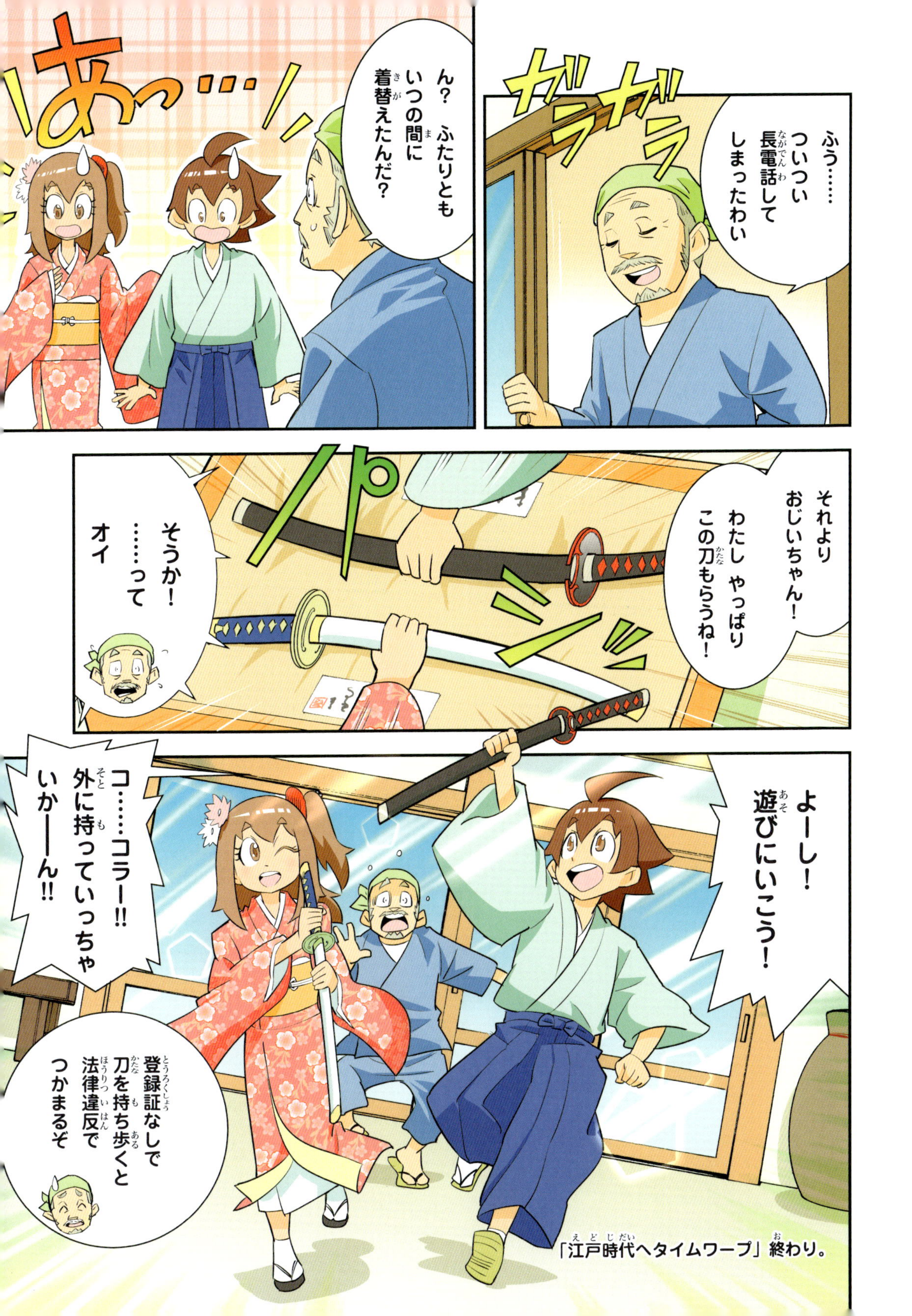

ガラガラ
ふう……ついつい長電話《ながでんわ》してしまったわい
ん? ふたりともいつの間《ま》に着《き》替《が》えたんだ?
あっ……!
それよりおじいちゃん! わたしやっぱりこの刀《かたな》もらうね!
そうか! ……ってオイ
よーし! 遊《あそ》びにいこう!
コ……コラー!! 外《そと》に持《も》っていっちゃいかーーん!!
登録証《とうろくしょう》なしで刀《かたな》を持《も》ち歩《ある》くと法律違反《ほうりついはん》でつかまるぞ
「江戸時代《えどじだい》へタイムワープ」終《お》わり。

天下泰平《てんかたいへい》の江戸《えど》時代《じだい》、経済《けいざい》も大発展《だいはってん》!

①産業《さんぎょう》と交通網《こうつうもう》が発展《はってん》する

江戸《えど》時代《じだい》は、農業《のうぎょう》だけでなくさまざまな産業《さんぎょう》が発《はっ》展《てん》しました。

漁業《ぎょぎょう》や林業《りんぎょう》、織物《おりもの》などの手工業《しゅこうぎょう》、酒《さけ》づくり、焼《や》きもの、紙《かみ》づくりなどが発達《はったつ》し、農産物《のうさんぶつ》とともに各地《かくち》に特産物《とくさんぶつ》が生《う》まれました。そして、こうした各地《かくち》の特《とく》産物《さんぶつ》を運《はこ》ぶために、日本全国《にほんぜんこく》の道路《どうろ》や水路《すいろ》が整備《せいび》されていきました。

また、金山《きんざん》や銀山《ぎんざん》、銅山《どうざん》などの鉱山《こうざん》の開発《かいはつ》も進《すす》み、幕府《ばくふ》の大《おお》きな財源《ざいげん》となりました。

佐渡金山《さどきんざん》で金《きん》を掘《ほ》る様子《ようす》
「佐渡金山金堀之図《さどきんざんかなほりのず》」(部分《ぶぶん》)
国立公文書館蔵

②江戸《えど》時代《じだい》は商売《しょうばい》も大繁盛《だいはんじょう》!

産業《さんぎょう》が発展《はってん》すると、つくられた商品《しょうひん》を売《う》るために商《しょう》業《ぎょう》も発展《はってん》します。

江戸《えど》時代初期《じだいしょき》の商人《しょうにん》たちは、各地《かくち》の特産物《とくさんぶつ》をほかの場所《ばしょ》に持《も》っていって高《たか》く売《う》ることで、大《おお》きな利益《りえき》を得《え》ていました。ところが、さらに産業《さんぎょう》が発展《はってん》し、品物《しなもの》が増《ふ》えてほかの地域《ちいき》でも似《に》たような品《しな》が出《で》てくると、それまでのやり方《かた》ではもうけが出《で》なくなりました。そこで、江戸《えど》時代中頃《じだいなかごろ》までには、1つひとつのもうけは少《すく》なくとも、大量《たいりょう》の商品《しょうひん》を安《やす》く売《う》ってもうける「薄利多売《はくりたばい》」の商売《しょうばい》が行《おこな》われるようになりました。

江戸《えど》時代《じだい》に つくられた商店《しょうてん》が 発展《はってん》して 今《いま》も 続《つづ》いている企業《きぎょう》は 意外《いがい》とある
例《たと》えば 有名《ゆうめい》デパートの 三越《みつこし》がそうじゃ このほかにも 興味《きょうみ》があったら 調《しら》べてみるとよいぞ

もの知《し》りコラム

「元禄文化《げんろくぶんか》」の花《はな》が咲《さ》く

平和《へいわ》な時代《じだい》が続《つづ》き、経済《けいざい》が発展《はってん》すると、武士《ぶし》や裕福《ゆうふく》な商人《しょうにん》だけでなく、一般《いっぱん》の人々《ひとびと》も文化《ぶんか》を楽《たの》しむ余裕《よゆう》が出《で》てきました。17世紀末《せいきすえ》から18世紀初《せいきはじ》めに盛《さか》んだった文化《ぶんか》を、その頃《ころ》の元号《げんごう》から「元禄文化《げんろくぶんか》」と呼《よ》びます。

◆◆◆

元禄文化《げんろくぶんか》は、大坂《おおさか》の商人《しょうにん》を中心《ちゅうしん》に、おもに上方《かみがた》（大坂《おおさか》、京都《きょうと》）で栄《さか》えました。

日本《にほん》の伝統文化《でんとうぶんか》である俳句《はいく》（俳諧《はいかい》）や歌舞伎《かぶき》、浮世絵《うきよえ》などが盛《さか》んになり始《はじ》めたのがこの時代《じだい》です。俳人《はいじん》の松尾芭蕉《まつおばしょう》や、歌舞伎《かぶき》の脚本《きゃくほん》を書《か》いた近松門左衛門《ちかまつもんざえもん》、浮世絵《うきよえ》を完成《かんせい》させた菱川師宣《ひしかわもろのぶ》などが活躍《かつやく》しました。

松尾芭蕉《まつおばしょう》（1644～1694年《ねん》）
芭蕉《ばしょう》は、「元禄文化《げんろくぶんか》」を代表《だいひょう》する俳人《はいじん》。当時《とうじ》、町人《ちょうにん》の遊《あそ》びだった俳諧《はいかい》（後《のち》の俳句《はいく》につながる文学《ぶんがく》）を、芸術分野《げいじゅつぶんや》にまで高《たか》めた。東北《とうほく》・北陸地方《ほくりくちほう》をめぐって書《か》いた俳諧紀行文《はいかいきこうぶん》『おくのほそ道《みち》』で有名《ゆうめい》
江東区芭蕉記念館蔵

③ 一方《いっぽう》、幕府《ばくふ》の財政《ざいせい》は赤字《あかじ》に！

大発展《だいはってん》した経済力《けいざいりょく》のおかげで、3代将軍《だいしょうぐん》・徳川家光《とくがわいえみつ》の頃《ころ》までは、将軍《しょうぐん》がどんなにお金《かね》を使《つか》っても幕府《ばくふ》の財政《ざいせい》はびくともしませんでした。しかし、金山《きんざん》、銀山《ぎんざん》からの金銀《きんぎん》の産出量《さんしゅつりょう》が減《へ》った5代将軍《だいしょうぐん》・綱吉《つなよし》の頃《ころ》になると、綱吉《つなよし》がさかんに神社《じんじゃ》や寺院《じいん》の建築《けんちく》を行《おこな》ったこともあって、幕府《ばくふ》の財政《ざいせい》は赤字《あかじ》に転落《てんらく》してしまいます。この後《のち》、幕府《ばくふ》は財政《ざいせい》の立《た》て直《なお》しのためにさまざまな改革《かいかく》を行《おこな》うようになります。

もの知《し》りコラム

ダメ将軍《しょうぐん》から名将軍《めいしょうぐん》に評価激変《ひょうかげきへん》!?
徳川綱吉《とくがわつなよし》と「生類憐《しょうるいあわれ》みの令《れい》」

5代将軍《だいしょうぐん》・綱吉《つなよし》は以前《いぜん》は評価《ひょうか》の低《ひく》い将軍《しょうぐん》でした。その理由《りゆう》の1つに「生類憐《しょうるいあわれ》みの令《れい》」を出《だ》したことがあります。簡単《かんたん》にいえば、「生《い》き物《もの》を大切《たいせつ》にしよう」というものでしたが、あまりにも極端《きょくたん》で、違反《いはん》した者《もの》には重《おも》い罰《ばつ》が与《あた》えられたとされていたからです。ところが最近《さいきん》、命《いのち》を大切《たいせつ》にする福祉《ふくし》政策《せいさく》だったとして、評価《ひょうか》が見直《みなお》されるようになりました。

教《おし》えて!! 河合《かわい》先生《せんせい》

江戸時代《えどじだい》おまけ話《ばなし》

ぼくといっしょに、
タイムワープの冒険《ぼうけん》を振《ふ》り返《かえ》ろう。
マンガの裏話《うらばなし》や、時代《じだい》にまつわる
おもしろ話《ばなし》も紹介《しょうかい》するよ!

歴史研究家《れきしけんきゅうか》：河合《かわい》 敦先生《あつしせんせい》

1 江戸時代《えどじだい》 ヒトコマ 博物館《はくぶつかん》

「三猿《さんざる》」（日光東照宮《にっこうとうしょうぐう》）
右《みぎ》から、目《め》を手《て》で押《お》さえた「見《み》ざる」、口《くち》を手《て》で押《お》さえた「言《い》わざる」、耳《みみ》を手《て》で押《お》さえた「聞《き》かざる」の意味《いみ》を表《あらわ》す姿《すがた》をした、3匹《びき》の猿《さる》の彫刻《ちょうこく》
写真：朝日新聞社

▶日光東照宮《にっこうとうしょうぐう》の陽明門《ようめいもん》（国宝《こくほう》）。日本《にほん》を代表《だいひょう》する美《うつく》しい門《もん》として知《し》られている。日光東照宮《にっこうとうしょうぐう》は、1999（平成《へいせい》11）年《ねん》、世界文化遺産《せかいぶんかいさん》に登録《とうろく》された
写真：ピクスタ

「大坂夏《おおさかなつ》の陣《じん》」のあと平和《へいわ》な時代《じだい》へ向《む》かう

河合先生《かわいせんせい》：江戸時代《えどじだい》では、いろいろな体《たい》験《けん》ができたようだね？

ハナ：タイムワープした場所《ばしょ》が、「関ケ《せきが》原《はら》の戦《たたか》い」の真《ま》っただ中《なか》でビックリしたわ。

1600（慶長《けいちょう》5）年《ねん》
関ケ原《せきがはら》の戦《たたか》い

ケン：オレは、そのあと移動《いどう》した「大坂《おおさか》夏《なつ》の陣《じん》」で、ハナが大暴《おおあば》れした時《とき》には、どうなることかと思《おも》ったよ。

ハナ：あの時《とき》、ケンは徳川家康《とくがわいえやす》さんに「ウソもらしたな!?」って言《い》われてたのよね！

ケン：オレはもらしてなーい!!

河合先生《かわいせんせい》：ハハハ。その「大坂夏《おおさかなつ》の陣《じん》」のあと、家康《いえやす》は戦《いくさ》のない平和《へいわ》な世《よ》の中《なか》を目《め》指《ざ》したんだ。

ケン：家康《いえやす》さん、平和《へいわ》な時代《じだい》をつくるって約束《やくそく》を守《まも》ってくれたんだね。

河合先生《かわいせんせい》：平和《へいわ》な時代《じだい》の基盤《きばん》をつくった家康《いえやす》は、「大坂夏《おおさかなつ》の陣《じん》」の翌年《よくねん》の1616（元和《げんな》2）年《ねん》、75歳《さい》でこの世《よ》を去《さ》ったんだ。

ケン：あの戦場《せんじょう》で別《わか》れた次《つぎ》の年《とし》に死《し》んじゃったのかあ。

神様《かみさま》になった家康《いえやす》

河合先生《かわいせんせい》：家康《いえやす》は死《し》んだあと、神様《かみさま》としてまつられているんだよ。

ハナ：えっ、家康《いえやす》さん、神様《かみさま》になったの？

河合先生《かわいせんせい》：家康《いえやす》は、自分《じぶん》が死《し》んだ1年後《ねんご》に日光《にっこう》に祠《ほこら》を建《た》てて、神様《かみさま》としてまつるよう遺言《ゆいごん》を残《のこ》したんだ。関東《かんとう》の守《まも》り神《がみ》になって、平和《へいわ》を見守《みまも》るためだよ。

ケン：どんな神様《かみさま》になったの？

河合先生《かわいせんせい》：東照大権現《とうしょうだいごんげん》という名前《なまえ》で、日《にっ》光東照宮《こうとうしょうぐう》にまつられているよ。

ハナ：日本《にほん》に平和《へいわ》な世《よ》の中《なか》が続《つづ》くように、守《まも》ってくれているのね。

河合先生《かわいせんせい》：日光東照宮《にっこうとうしょうぐう》といえば、「見《み》ざる、言《い》わざる、聞《き》かざる」という意味《いみ》を表《あらわ》した「三猿《さんざる》」が有名《ゆうめい》だ。右《みぎ》の写真《しゃしん》がそれだよ。

ケン：面白《おもしろ》いポーズをとっているけど、どんな意味《いみ》があるの？

河合先生《かわいせんせい》：他人《たにん》の悪《わる》いところは、〝見《み》ない、言《い》わない、聞《き》かない〟に越《こ》したことはないという教《おし》えを説《と》いているんだ。

個性派《こせいは》ぞろいの徳川将軍《とくがわしょうぐん》たち

260年《ねん》以上《いじょう》もの長《なが》い間続《あいだつづ》いた江戸幕府《えどばくふ》は、徳川家康《とくがわいえやす》をはじめ15人《にん》の徳川家《とくがわけ》の将軍《しょうぐん》によって治《おさ》められました。どの将軍《しょうぐん》も、みな個性的《こせいてき》な一面《いちめん》を持《も》つ、人間味《にんげんみ》あふれる人物《じんぶつ》でした。

健康《けんこう》オタクの家康《いえやす》

初代将軍《しょだいしょうぐん》の家康《いえやす》は、かなりの「健康《けんこう》オタク」として有名《ゆうめい》です。とても熱心《ねっしん》に薬《くすり》について勉強《べんきょう》し、自分《じぶん》で薬草《やくそう》を育《そだ》て、薬《くすり》を調合《ちょうごう》して飲《の》んでいたほどです。そのおかげか、当時《とうじ》としては珍《めずら》しく、75歳《さい》まで長生《ながい》きしました。

おじいちゃんラブの家光《いえみつ》

家康《いえやす》の孫《まご》にあたる3代将軍《だいしょうぐん》の家光《いえみつ》は、おじいちゃんが大好《だいす》きでした（↓139ページ）。「自分《じぶん》は2代目家康《だいめいえやす》である」という意味《いみ》の言葉《ことば》を書《か》いた紙《かみ》をお守《まも》り袋《ぶくろ》に入《い》れ、いつも身《み》に着《つ》けていたそうです。また死後《しご》は、家康《いえやす》の眠《ねむ》る日光東照宮《にっこうとうしょうぐう》のそばにある、日光山輪王寺《にっこうざんりんのうじ》の

▲「新聞《しんぶん》附録《ふろく》東錦繪《あずまにしきえ》」徳川家康《とくがわいえやす》をはじめ、徳川家《とくがわけ》の将軍《しょうぐん》たちが描《えが》かれた錦絵《にしきえ》　国立国会図書館HPから

墓所《ぼしょ》に葬《ほうむ》られました。「自分《じぶん》の墓所《ぼしょ》は、日光東照宮《にっこうとうしょうぐう》よりも豪華《ごうか》にしてはならない」という家光《いえみつ》の遺言《ゆいごん》によって、控《ひか》えめなつくりになっています。

生《い》き物《もの》を大切《たいせつ》にしすぎた綱吉《つなよし》

家光《いえみつ》の四男《よんなん》で、5代将軍《だいしょうぐん》の綱吉《つなよし》は、1685（貞享《じょうきょう》2）年以降《ねんいこう》、生《い》き物《もの》を殺《ころ》したりいじめたりすることを禁《きん》じる法律《ほうりつ》を20年以上《ねんいじょう》にわたって次々出《つぎつぎだ》しました。これらをまとめて「生類憐《しょうるいあわれ》みの令《れい》」と言《い》います。

とくに、戌年生《いぬどしう》まれだった綱吉《つなよし》は、犬《いぬ》の保護《ほご》に熱心《ねっしん》に取《と》り組《く》みます。「ケガをした犬《いぬ》を見逃《みのが》せば処罰《しょばつ》する」などの法律《ほうりつ》や、犬専用《いぬせんよう》の屋敷《やしき》をつくって、中野《なかの》では数万《すうまん》から30万匹《まんびき》の野犬《やけん》を保護《ほご》したそうです。

▲現在《げんざい》の中野区役所《なかのくやくしょ》の近《ちか》くにある、野犬保護施《やけんほごし》設《せつ》の記念碑《きねんひ》。江戸《えど》の野犬保護施設《やけんほごしせつ》の中《なか》でも、中野《なかの》が最《もっと》も大《おお》きく、約《やく》30万坪《まんつぼ》（東京《とうきょう》ドーム21個《こ》分以上《ぶんいじょう》の広《ひろ》さ）もあった。江戸《えど》の長屋《ながや》では、約《やく》3坪《つぼ》（畳《たたみ》6枚分《まいぶん》）に親子《おやこ》5人《にん》で住《す》んでいた時代《じだい》、この犬屋敷《いぬやしき》では、多《おお》い時《とき》でも約《やく》1坪《つぼ》に犬《いぬ》1匹《ぴき》が暮《く》らせる計算《けいさん》だ

写真：朝日新聞社
▲和歌山県《わかやまけん》にある徳川吉宗《とくがわよしむね》の銅像《どうぞう》

好奇心旺盛《こうきしんおうせい》な吉宗《よしむね》

8代将軍《だいしょうぐん》の吉宗《よしむね》は、徹底的《てっていてき》な倹約《けんやく》によって無駄《むだ》をなくし、傾《かたむ》いた幕府《ばくふ》の財政《ざいせい》を立《た》て直《なお》した、敏腕将軍《びんわんしょうぐん》として有名《ゆうめい》です。

一方《いっぽう》、好奇心旺盛《こうきしんおうせい》な人物《じんぶつ》でもあったようで、海外《かいがい》の珍《めずら》しい香辛料《こうしんりょう》や書物《しょもつ》を積極的《せっきょくてき》に輸入《ゆにゅう》しました。

また、ベトナムから象《ぞう》を2頭輸入《とうゆにゅう》して、江戸《えど》の人々《ひとびと》をあっと驚《おどろ》かせました。

たくさんの趣味《しゅみ》を持《も》つ慶喜《よしのぶ》

1867（慶応《けいおう》3）年《ねん》、政治《せいじ》の実権《じっけん》が朝廷《ちょうてい》に返上《へんじょう》され（大政奉還《たいせいほうかん》）、江戸幕府《えどばくふ》が幕《まく》を閉《と》じた時《とき》、最後《さいご》の将軍《しょうぐん》として江戸時代《えどじだい》の終《お》わりを見届《みとど》けたのが、15代将軍《だいしょうぐん》の慶喜《よしのぶ》です。

彼《かれ》はじつに多趣味《たしゅみ》な人物《じんぶつ》で、当時《とうじ》とても貴重《きちょう》だったカメラに熱中《ねっちゅう》したり、まだ珍《めずら》しかった油絵《あぶらえ》に取《と》り組《く》んだり、日本《にほん》に持《も》ち込《こ》まれたばかりの自転車《じてんしゃ》をいち早《はや》く入手《にゅうしゅ》し、サイクリングを楽《たの》しんだりしています。ほかにも、狩猟《しゅりょう》、ハムやお菓子《かし》づくり、釣《つ》り、刺《し》しゅう、フランス語《ご》などなど、亡《な》くなるまで趣味三昧《しゅみざんまい》の生活《せいかつ》を送《おく》りました。

▲15代将軍《だいしょうぐん》・徳川慶喜《とくがわよしのぶ》
慶喜《よしのぶ》が将軍職《しょうぐんしょく》に就《つ》いていたのは、わずか1年弱《ねんじゃく》だった
国立国会図書館HPから

3

江戸時代《えどじだい》

ニンゲンファイル

宮本武蔵《みやもとむさし》

「生涯無敗《しょうがいむはい》」とうたわれた剣豪《けんごう》

六十数回《ろくじゅうすうかい》の真剣勝負《しんけんしょうぶ》で負《ま》け知《し》らず!

宮本武蔵《みやもとむさし》は、安土《あづち》・桃山時代《ももやまじだい》から江戸時代《えどじだい》にかけて活躍《かつやく》した、今《いま》も人気《にんき》の高《たか》い剣豪《けんごう》です。武蔵《むさし》が執筆《しっぴつ》したといわれる、剣術《けんじゅつ》のことが書《か》かれた『五輪書《ごりんのしょ》』では「13歳《さい》で初《はじ》めて真剣勝負《しんけんしょうぶ》に勝《か》って以来《いらい》、六十数回《ろくじゅうすうかい》ほど勝負《しょうぶ》をして負《ま》けたことがない」と、自分《じぶん》の強《つよ》さをアピールしています。

宮本武蔵《みやもとむさし》（1584 〜 1645年《ねん》）

安土《あづち》・桃山時代《ももやまじだい》〜江戸時代初期《えどじだいしょき》の剣豪《けんごう》。生《う》まれは、播磨国《はりまのくに》（兵庫県《ひょうごけん》）説《せつ》、美作国《みまさかのくに》（岡山県《おかやまけん》）説《せつ》などさまざま。二刀流《にとうりゅう》で有名《ゆうめい》な「二天一流《にてんいちりゅう》」の創始者《そうししゃ》。

▼宮本武蔵《みやもとむさし》と佐々木小次郎《ささきこじろう》の「巌流島《がんりゅうじま》の戦《たたか》い」が行《おこな》われた島《しま》。もともと「船島《ふなしま》」と呼《よ》ばれていたが、小次郎《こじろう》の開《ひら》いた流派名《りゅうはめい》の「巌流《がんりゅう》」にちなんで「巌流島《がんりゅうじま》」と呼《よ》ばれるようになったと考《かんが》えられている

写真：朝日新聞社

「巌流島《がんりゅうじま》の戦《たたか》い」で勝利《しょうり》

武蔵《むさし》が戦《たたか》った真剣勝負《しんけんしょうぶ》の中《なか》で、最《もっと》も有名《ゆうめい》なのが、同時代《どうじだい》の剣士《けんし》・佐々木小次郎《ささきこじろう》との「巌流島《がんりゅうじま》の戦《たたか》い」です。この時武蔵《ときむさし》は29歳《さい》、小次郎《こじろう》は18歳《さい》（それぞれ年齢《ねんれい》は異説《いせつ》あり）でした。

戦《たたか》いの当日《とうじつ》、武蔵《むさし》はわざと遅刻《ちこく》して小次《こじ》郎《ろう》を怒《おこ》らせ、隙《すき》をついて勝利《しょうり》したといわれています。

九州《きゅうしゅう》で生涯《しょうがい》を閉《と》じる

晩年《ばんねん》の武蔵《むさし》は、九州《きゅうしゅう》の小倉《こくら》（福岡県《ふくおかけん》）に住《す》むようになりました。1637（寛永《かんえい》14）年《ねん》、「島原《しまばら》・天草一揆《あまくさいっき》」（島原《しまばら》の乱《らん》）が起《お》きると（→89ページ）、54歳《さい》の武蔵《むさし》は、養子《ようし》で小倉城《こくらじょう》の家老《かろう》だった、宮本伊織《みやもといおり》の後《こう》見役《けんやく》として出陣《しゅつじん》しました。

それから3年後《ねんご》、武蔵《むさし》は熊本藩《くまもとはん》（熊本《くまもと》県《けん》）の剣術師範《けんじゅつしはん》や藩主《はんしゅ》の相談役《そうだんやく》となり、62歳《さい》で亡《な》くなりました。

佐々木小次郎《ささきこじろう》（?～1612年《ねん》）

安土《あづち》・桃山時代《ももやまじだい》～江戸時代初期《えどじだいしょき》の剣豪《けんごう》。巌流《がんりゅう》という流派《りゅうは》を開《ひら》いたので、佐々木巌流《ささきがんりゅう》とも呼《よ》ばれる。詳《くわ》しい経歴《けいれき》は不明《ふめい》。生《う》まれも、豊前国《ぶぜんのくに》（福岡県《ふくおかけん》）説《せつ》や越前国《えちぜんのくに》（福井県《ふくいけん》）説《せつ》などさまざま。

武蔵《むさし》に敗《やぶ》れた天才剣士《てんさいけんし》

佐々木小次郎《ささきこじろう》

伝説《でんせつ》の技《わざ》「燕返《つばめがえ》し」を操《あやつ》る

佐々木小次郎《ささきこじろう》は、巌流《がんりゅう》という流派《りゅうは》を開《ひら》いた、天《てん》才剣士《さいけんし》です。

彼《かれ》の愛用《あいよう》した刀《かたな》は、通常《つうじょう》より長《なが》く、通称《つうしょう》「物干《ものほ》し竿《ざお》」と呼《よ》ばれるものだったそうです。また小次《こじ》郎《ろう》は、「燕返《つばめがえ》し」と呼《よ》ばれる技《わざ》を得意《とくい》としたと伝《つた》えられていますが、残念《ざんねん》ながら、どのような技《わざ》だったのかは不明《ふめい》です。

巌流島《がんりゅうじま》で無念《むねん》の死《し》

「巌流島《がんりゅうじま》の戦《たたか》い」の時《とき》、武蔵《むさし》に負《ま》けた小次郎《こじろう》は、あらかじめ島《しま》で待機《たいき》していた武蔵《むさし》の弟子《でし》たちによって打《う》ち殺《ころ》されたという記録《きろく》も残《のこ》されています。また戦《たたか》った時《とき》の小次郎《こじろう》は、50歳《さい》を超《こ》えていたという説《せつ》もあります。当時《とうじ》の50歳《さい》といえば、かなりのお年寄《としよ》りです。老人《ろうじん》の小次郎《こじろう》は、若《わか》い武蔵《むさし》に倒《たお》され、無念《むねん》の死《し》を遂《と》げたのかもしれません。

じつは、小次郎《こじろう》に関《かん》する信頼《しんらい》できる史料《しりょう》がほとんどないため、彼《かれ》の生涯《しょうがい》は多《おお》くの謎《なぞ》に包《つつ》まれています。

4

江戸時代《えどじだい》

ウンチクこぼれ話《ばなし》

【徳川家《とくがわけ》に仇《あだ》なす刀《かたな》「妖刀村正伝説《ようとうむらまさでんせつ》」】

伊勢国《いせのくに》（三重県《みえけん》）で活躍《かつやく》した、刀鍛冶《かたなかじ》の村正《むらまさ》がつくった刀《かたな》は、「折《お》れず、曲《ま》がらず、よく切《き》れる」名刀《めいとう》として、武士《ぶし》たちに広《ひろ》く愛用《あいよう》されていました。

しかし、村正《むらまさ》の刀《かたな》は、徳川家康《とくがわいえやす》のおじいさんとお父《とう》さんが殺《ころ》された時《とき》に使《つか》われた刀《かたな》とされています。また家康《いえやす》の息子《むすこ》・信康《のぶやす》が謀反《むほん》の疑《うたが》いで切腹《せっぷく》させられた時《とき》、彼《かれ》の首《くび》を切《き》り落《お》としたのも村正《むらまさ》の刀《かたな》だったそうです。そのため、名刀《めいとう》・村正《むらまさ》は徳川家《とくがわけ》に仇《あだ》なす「妖刀《ようとう》」として伝《つた》わるようになりました。

オレは何《なに》も
してないん
だけどな……

【大坂夏《おおさかなつ》の陣《じん》で死《し》んだはずの豊臣秀頼《とよとみひでより》が生《い》きていた!?】

1615（慶長《けいちょう》20）年《ねん》、「大坂夏《おおさかなつ》の陣《じん》」で敗《やぶ》れた豊臣秀頼《とよとみひでより》は、自《みずか》ら命《いのち》を絶《た》ちました。ところが、当時《とうじ》のイギリス商館長《しょうかんちょう》・コックスは、「秀頼様《ひでよりさま》は琉球《りゅうきゅう》（沖縄県《おきなわけん》）か薩摩国《さつまのくに》（鹿児島県《かごしまけん》）に逃《に》げ延《の》びた」と記《しる》しています。ちなみに、鹿児島県《かごしまけん》には秀頼《ひでより》の墓《はか》と伝《つた》わる小《ちい》さな塔《とう》があります。

【お忍《しの》び歩《ある》きが大好《だいす》き！自由《じゆう》な将軍《しょうぐん》・家光《いえみつ》】

3代将軍《だいしょうぐん》の徳川家光《とくがわいえみつ》は、身分《みぶん》を隠《かく》して江《え》戸《ど》の町《まち》をお忍《しの》び歩《ある》きすることが大好《だいす》きだったそうです。

そんな家光《いえみつ》に困《こま》り果《は》てたけらいは、ある夜《よる》、大男《おおおとこ》に頼《たの》んでお忍《しの》び中《ちゅう》の家光《いえみつ》にけんかをふっかけさせ、それに応《おう》じた家光《いえみつ》を放《ほう》り投《な》げるという、手荒《てあら》なお灸《きゅう》をすえました。この出来事《できごと》をきっかけに、家光《いえみつ》はお忍《しの》び歩《ある》きをやめたそうです。

江戸《えど》の町《まち》は
にぎやかで
楽《たの》しかったんだ
がなぁ……

【家光《いえみつ》のために一生薬《いっしょうくすり》を飲《の》まなかった母代《ははが》わりのお福《ふく》】

家光《いえみつ》は、母代《ははが》わりのお福《ふく》（春日局《かすがのつぼね》）によって、大切《たいせつ》に育《そだ》てられました。

お福《ふく》は、家光《いえみつ》のためならたとえ火《ひ》の中水《なかみず》の中《なか》とばかりに、全力《ぜんりょく》で彼《かれ》に愛情《あいじょう》を注《そそ》いだそうです。家光《いえみつ》が病気《びょうき》になった時《とき》には、「わたしは一生薬《いっしょうくすり》を飲《の》みません。その代《か》わり、家光様《いえみつさま》を助《たす》けてください」と祈《いの》り、その言《こと》葉《ば》どおり、亡《な》くなるまで決《けっ》して薬《くすり》を飲《の》まなかったそうです。

【大名行列《だいみょうぎょうれつ》にはこんなルールがあった!!】

大名行列《だいみょうぎょうれつ》に出合《であ》った場合《ばあい》、行列《ぎょうれつ》をよけて道《みち》を開《あ》けるのがルールです（↓128ページ）。このルールを破《やぶ》って、行列《ぎょうれつ》の前《まえ》を横切《よこぎ》る者《もの》は、切《き》り捨《す》ててもかまわないことになっていました。しかし、唯一守《ゆいいつまも》らなくてもいい人《ひと》がいました。出産《しゅっさん》の立《た》ち会《あ》いに行《い》く産婆《さんば》さん（現在《げんざい》の助産師《じょさんし》）です。江戸時《えどじ》代《だい》でも、出産《しゅっさん》は待《ま》ったなしの緊急事態《きんきゅうじたい》と考《かんが》えられていたのです。

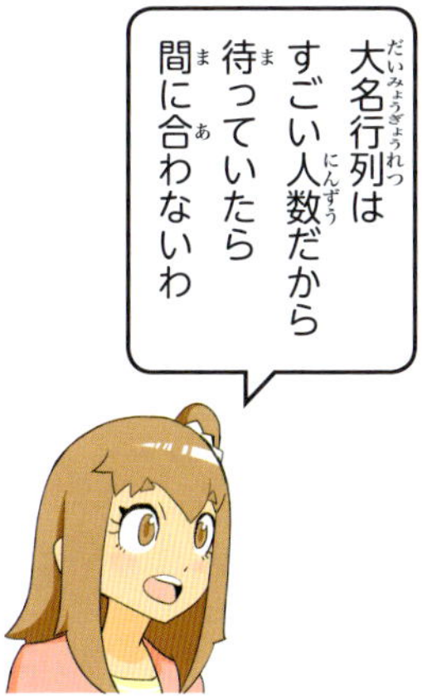
大名行列《だいみょうぎょうれつ》は
すごい人数《にんずう》だから
待《ま》っていたら
間《ま》に合《あ》わないわ

【江戸時代《えどじだい》から始《はじ》まった作法《さほう》】

和室《わしつ》で座《すわ》る時《とき》、今《いま》は正座《せいざ》することが礼儀《れいぎ》です。この作法《さほう》は、江戸時代《えどじだい》に入《はい》ってから行《おこな》われるようになりました。それ以前《いぜん》は、あぐらが座《すわ》る時《とき》の作法《さほう》でした。

【天草四郎《あまくさしろう》の奇跡伝説《きせきでんせつ》】

1637（寛永《かんえい》14）年《ねん》に起《お》こった、「島原《しまばら》・天草一揆《あまくさいっき》」（島原《しまばら》の乱《らん》）のリーダーとなった天草四郎《あまくさしろう》（↓89ページ）には、数々《かずかず》の伝説《でんせつ》が残《のこ》されています。

天草四郎《あまくさしろう》には
いろいろな伝説《でんせつ》が
残《のこ》されて
いるんだな

例《たと》えば、「誰《だれ》にも教《おそ》わらない幼《おさな》い頃《ころ》から読《よ》み書《か》きができた」「海上《かいじょう》を歩《ある》いて渡《わた》ることができた」「彼《かれ》が天《てん》を仰《あお》いで十字《じゅうじ》を切《き》ると、ハトが手《て》のひらに舞《ま》い降《お》りて卵《たまご》を産《う》み、その卵《たまご》の中《なか》からキリスト教《きょう》の言葉《ことば》が出《で》てきた」などといった話《はなし》が伝《つた》わっています。

【名刀中《めいとうちゅう》の名刀《めいとう》】

8代将軍《だいしょうぐん》・徳川吉宗《とくがわよしむね》は、刀《かたな》の鑑定士《かんていし》の本《ほん》阿弥家《あみけ》に、名刀《めいとう》の鑑定記録《かんていきろく》を整理《せいり》するよう指示《しじ》しました。

刀《かたな》にはつくった人《ひと》の
名前《なまえ》がきざまれて
いるんだよ!

その結果《けっか》がまとめられた『享保名物帳《きょうほうめいぶつちょう》』には、数《かず》ある名刀《めいとう》の中《なか》でも、藤四郎吉光《とうしろうよしみつ》・正宗《まさむね》、郷義弘《ごうのよしひろ》の3人《にん》がつくった刀《かたな》は、とくにすばらしいと記《しる》されました。これによって、この3人《にん》の刀《かたな》が、名刀中《めいとうちゅう》の名刀《めいとう》として尊重《そんちょう》されるようになりました。

江戸時代《えどじだい》の話《はなし》は
これでおしまい!
別《べつ》の時代《じだい》で、
また会《あ》おうね!

安土桃山時代末《あづちももやまじだいすえ》〜江戸時代前半《えどじだいぜんはん》 年表《ねんぴょう》

時代	年	できごと
安土桃山時代《あづちももやまじだい》	1590年《ねん》	豊臣秀吉《とよとみひでよし》が天下《てんか》を統一《とういつ》する
	1598年《ねん》	秀吉《ひでよし》が亡《な》くなる
	1600年《ねん》	関ケ原《せきがはら》の戦《たたか》い（徳川家康《とくがわいえやす》の東軍《とうぐん》が石田三成《いしだみつなり》の西軍《せいぐん》を破《やぶ》る）
	1603年《ねん》	家康《いえやす》が征夷大将軍《せいいたいしょうぐん》になり、江戸《えど》に幕府《ばくふ》を開《ひら》く
	1605年《ねん》	家康《いえやす》が将軍《しょうぐん》の座《ざ》を息子《むすこ》の徳川秀忠《とくがわひでただ》にゆずる
	1613年《ねん》	全国《ぜんこく》にキリスト教《きょう》を禁止《きんし》する命令《めいれい》が出《だ》される
	1614年《ねん》	大坂冬《おおさかふゆ》の陣《じん》（家康《いえやす》が大坂城《おおさかじょう》の豊臣氏《とよとみし》を攻《せ》める）
	1615年《ねん》	大坂夏《おおさかなつ》の陣《じん》（家康《いえやす》が豊臣氏《とよとみし》を滅《ほろ》ぼす）
		「武家諸法度《ぶけしょはっと》」（大名《だいみょう》を統制《とうせい》する法令《ほうれい》）が定《さだ》められる
	1616年《ねん》	家康《いえやす》が亡《な》くなる
		中国船《ちゅうごくせん》以外《いがい》の外国船《がいこくせん》の来航《らいこう》を長崎《ながさき》と平戸《ひらど》（ともに長崎県《ながさきけん》）に限《かぎ》る

江戸時代《えどじだい》

１６２３年《ねん》	徳川家光《とくがわいえみつ》が３代将軍《だいしょうぐん》になる
１６２４年《ねん》	スペイン船《せん》の来航《らいこう》を禁止《きんし》する
１６３５年《ねん》	参勤交代《さんきんこうたい》が制度化《せいどか》する
１６３７年《ねん》	島原《しまばら》・天草一揆《あまくさいっき》（島原《しまばら》の乱《らん》）が起《お》きる（～１６３８年《ねん》）
１６３９年《ねん》	ポルトガル船《せん》の来航《らいこう》を禁止《きんし》する
１６４１年《ねん》	平戸《ひらど》にあったオランダ商館《しょうかん》が出島《でじま》（長崎県《ながさきけん》）に移《うつ》る
１６５７年《ねん》	明暦《めいれき》の大火《たいか》（江戸時代最大《えどじだいさいだい》の火事《かじ》で、江戸城《えどじょう》の天守《てんしゅ》も焼《や》け落《お》ちる）
１６６９年《ねん》	アイヌのシャクシャインが、松前藩《まつまえはん》（北海道《ほっかいどう》）の支配《しはい》に抵抗《ていこう》して戦《たたか》いを起《お》こす
１６８７年《ねん》	５代将軍《だいしょうぐん》・徳川綱吉《とくがわつなよし》が「生類憐《しょうるいあわれ》みの令《れい》」を出《だ》す
１６８９年《ねん》	松尾芭蕉《まつおばしょう》が『おくのほそ道《みち》』の旅《たび》に出《で》る
１７０９年《ねん》	新井白石《あらいはくせき》が政治改革《せいじかいかく》（正徳《しょうとく》の治《ち》）を始《はじ》める（～１７１６年《ねん》）
１７１６年《ねん》	８代将軍《だいしょうぐん》・徳川吉宗《とくがわよしむね》が享保《きょうほう》の改革《かいかく》を始《はじ》める（～１７４５年《ねん》）

監修	河合敦
編集デスク	大宮耕一、橋田真琴
編集スタッフ	泉ひろえ、河西久実、庄野勢津子、十枝慶二、中原崇
シナリオ	中原崇
コラムイラスト	相馬哲也、イセケヌ
コラム図版	平凡社地図出版、エスプランニング
参考文献	『早わかり日本史』河合敦著 日本実業社／『詳説 日本史研究 改訂版』佐藤信・五味文彦・高埜利彦・鳥海靖編 山川出版社／『21 世紀こども百科　歴史館』小学館／『ビジュアル・ワイド江戸時代館』小学館／『Jr. 日本の歴史⑤　天下泰平のしくみ』大石学著　小学館／『ニューワイドずかん百科　ビジュアル日本の歴史』学研／『歴史群像シリーズ　決定版　図説江戸城　その歴史としくみ』学研／『日本人はどのように建造物をつくってきたか 4　江戸の町（上）巨大都市の誕生』内藤昌著　イラストレーション穂積和夫　草思社／「週刊マンガ日本史　改訂版」39 号、45 号、46 号、49 号、52 号　53 号　朝日新聞出版／「週刊マンガ世界の偉人」57 号　朝日新聞出版

※本シリーズのマンガは、史実をもとに脚色を加えて構成しています。

江《え》戸《ど》時《じ》代《だい》へタイムワープ

2018年 3 月30日　第 1 刷発行
2025年 3 月10日　第 9 刷発行

著　者　マンガ：早川大介／ストーリー：チーム・ガリレオ
発行者　片桐圭子
発行所　朝日新聞出版
〒104-8011
東京都中央区築地5-3-2
編集　生活・文化編集部
電話　03-5540-7015(編集)
03-5540-7793(販売)

印刷所　株式会社リーブルテック

ISBN978-4-02-331669-0
本書は 2016 年刊『江戸時代のサバイバル』を増補改訂し、改題したものです